壮哉雄安

魅力雄安丛书

河北大学雄安传统文化研究中心
保定市文化广电新闻出版局　主编

壮哉雄安

李春雷　史克己　著

河北大学出版社

图书在版编目（CIP）数据

壮哉雄安 / 李春雷，史克己著．-- 保定 ：河北大学出版社，2017.5
（魅力雄安丛书）
ISBN 978-7-5666-1192-5

Ⅰ．①壮… Ⅱ．①李… ②史… Ⅲ．①革命烈士－生平事迹－河北 Ⅳ．① K820.822

中国版本图书馆 CIP 数据核字（2017）第 101144 号

壮哉雄安

出 版 人：耿金龙
选题策划：邹 卫 杨显硕
责任编辑：邓一鸣 王红梅
装帧设计：赵 谦 王占梅
责任印制：靳云飞
出版发行：河北大学出版社
地址：河北省保定市七一东路 2666 号 邮编：071000
电话：0312-5073033 0312-5073029
邮箱：hbdxcbs818@163.com 网址：www.hbdxcbs.com
印 刷：保定市正大印刷有限公司
开 本：889mm×1194mm 1/16
印 张：6.5
字 数：127 千字
版 次：2017 年 5 月第 1 版
印 次：2017 年 5 月第 1 次印刷
书 号：ISBN 978-7-5666-1192-5
定 价：45.00 元

中国的明眸

——写给雄安新区（代总序）

每一个春天都是相似的，每一株荷花都是相似的，每一瓣萼片都是相似的。但，岁月不一样，年轮不一样，意义更不一样。

就像公元2017年春天的主角——白洋淀。

4月中旬，就在国家公布成立雄安新区的重大新闻之后，我再一次走进白洋淀，走进了她的温柔和宽阔。

暮春季节，风暖气清。绿茵茵的堤地上，杂树生花，油菜黄，槐花白，石榴红，姹紫嫣红，各呈其艳。清澈温静的水面，丰丰盈盈，波光粼粼，像大自然的微笑。最是那一望无际的小荷才露尖尖角，新嫩的叶片，毛毛茸茸，娇娇弱弱，仿佛婴儿的脸，宛若新娘的羞，在明媚和熏风中，摇曳着，弹奏着，呲呲呲，嗡嗡嗡，唰唰唰。那是大地的吟唱，那是太阳的私语，那是天然的音乐，那是现实的诗草……

所到之处，每一个人，每一株树，每一条船，每一辆汽车，每一座房舍，表面上都是安静的，若无其事的，但其内心，又都是激情的，跃跃欲试的。恰似一个已经披上红盖头的新娘，静静地端坐着，正在等待着一场天地间最盛大的婚礼。

京津冀，是她的娘家；而她的婆家，便是整个中国，整个世界。

是的，过去的白洋淀，是小家碧玉，是河北的女儿。而现在，她已蝶变为一位白领丽人，成为整个国家的公主。

这，是一个怎样令人瞠目结舌而又恍然大悟的惊喜啊，又仿佛是一个穿越历史长河的千年约定！

四十亿年前，地球正是一个莽莽撞撞、冒冒失失的毛头小伙子，精力过剩、大开大合、裂变重组。现今的河北平原与西侧的太行山脉，还是一个无形的胎儿，在海底酣睡。

漫漫二十四亿年间，阜平运动、五台运动、吕梁运动、蓟县运动、加里东运动、华力西运动……在一次次剧烈的造山运动中，天地间岩浆喷溢，海水煮山，溟溟漠漠。缀满日月星辰的产帐里，顿失浩渺无垠的蔚蓝。大海颤抖着、哭泣着渐渐后退，让位于缓缓崛起的峥嵘。

太行山挽着华北平原，从海水中悲壮地诞生，形成了原始的骨骼。

又是长达数亿年的混沌。这片山岩地带经过雨浸风化，变成肥沃的土壤，长成莽莽森林，衍生出低等的生命。

东风化雨、周流不息。长期的摸索、长期的磨合，大山与森林，终成眷属，生成了最适合、最稳固的生态系统。他们的女儿，便是脉脉细流，出落成小溪，发育为大河，带着嫁妆，嫁与平原。年深日久，便在太行山东麓形成了一个个扇形冲积区。

滹沱河与永定河冲积扇南北相峙。中间的低洼地带，形成一汪烟波浩渺的大湖。

这，便是儿时的白洋淀。

大山为屏，白云为幕，日月为灯，而白洋淀，就是一方舞台，演绎着大自然亘古漫长的铿锵戏剧。气候冷冷暖暖，森林进进退退，披毛犀、猛犸象、原始牛等大型动物，你方唱罢我登场。人类呢，远远地躲在太行山的洞洞里，只是这幕皇皇大剧的配角。

玉木冰期结束，气候变暖。大型耐寒动物们渐次退场，小鹿、黄羊们逐步登台。远远地躲在幕后的人类，也试试探探地走下山来，在白洋淀周边安营扎寨，打猎捕鱼，开始最早的原生态烧烤。

1986年，考古学家在白洋淀区域的徐水县发现一处古人类遗址。据考证，距今一万零五百年至九千七百年前后，为中国北方地区年代最早的新石器时代遗址。

生活在白洋淀这一方水土的先民，点燃了河北平原的第一堆文明篝火……

天地之心，神鬼莫测。造物者奇异的构思，人类永远也诠释不透。

仰韶时代（距今约七千年至五千年前）早期和中期，正处于全新世大暖期的鼎盛时期，气候暖湿多雨，华北平原河流纵横，白洋淀迅速发育，水域面积扩张到最大范围——南起博野、肃宁，北达固安、永清，西至望都、定州，东连古文安洼，覆盖今保定大部分地区，襟连廊坊、天津、沧州等地。烟波浩渺、水接遥天。

这场因地球大暖期形成的洪水，对华夏民族，影响甚巨。

《孟子·滕文公上》：“当尧之时，天下犹未平，洪水横流，泛滥于天下。”

禹遵舜命，全力治水，“开九州，通九道，陂九泽，度九山”，改障为疏，因势利导，历经十三年，水患始平。

而佐助大禹治水毕其功于一役的，正是白洋淀！

《尚书·禹贡》记载：“导河积石，至于龙门……北过降水，至于大陆。又北，播为九河，同为逆河，入于海。”

降水，即漳河；大陆，即大陆泽，在古白洋淀上游；逆河，指天津沿海一带。

据此可以推定：彼时，正是大禹引导黄河由西南而东北，横穿白洋淀，于天津入海。

当大禹最后掘通白洋淀的入海水道时，一项永载史册的伟大功绩诞生了。

于是，开启了中国历史上的第一个王朝——夏朝。

华夏民族，也由此正式踏入国家的轨道。

……

水运即国运，此言绝不虚！

商周时期，先民烧荒开垦野田。因为地广人稀，自我修复，生态依然葱茏。白洋淀像一汪澄澈的眸子，天真无邪。

公元前334至前311年，燕国为防御秦、赵、齐国入侵，在白洋淀北岸修筑南长城。

南长城西起今易县西南，向东经定兴、徐水、安新、任丘，至文安东南，全长二百五十余公里。

这便是白洋淀“长城堤”的前身，奠定了如今白洋淀的北界。

白洋淀一带，成为军事要地，有史以来第一次被提升到国家（诸侯国）战略高度。

东汉末年，曹操为统一北方，开凿白沟水渠、平虏渠、利漕渠、白马渠、鲁口渠，使“清、淇、漳、洹、滱、易、涞、濡、沽、滹沱同归于海”，初步形成了如今的海河水系。

逮至北宋，白洋淀区域再次上升到国家战略。大兴土木，建造西起今满城东北，东至泥沽海口，绵延七州郡，屈曲九百里，“深不可行舟，浅不可徒步”的“塘泺防线”，以拒辽兵南侵。

宋代建设，奠定了白洋淀今天的格局。彼时，白洋淀虽经人为修筑，但仍然丰盈和谐，澄澈宁静，碧玉温润，蓝天白云，日月沉浮，宛如一个安详的世界。

打破这一方宁静的，是元明两代的大肆破坏。

元在北京建立大都城。燕山、太行山茂密的森林遭到严重破坏。及至明代，砍伐愈烈。

亿万年来形成的生态系统，彻底紊乱。燕山、太行山区水土流失，下游河道淤塞，洼淀淤浅，退缩以致湮废。

《新安县志》记载，明弘治元年（1488年）之前，地处九河下梢的白洋淀已经淤为平地，“地可耕而实，中央为牧马场”。

恶性循环，愈演愈烈！

雍正皇帝汲取过去只筑不疏的教训，“既堵亦疏”，向疏泉、引流、建闸、筑堤综合治理的方向努力——“治直隶之水，必自淀始。凡古淀之尚能存水者，均应疏浚深广，并多开引河，使淀淀相通。其已淤为田畴者，四面开渠，中穿沟洫，洫达于渠，渠达于淀。”

乾隆三十七年（1772年），下诏严禁围淀造田。

然而，直至光绪六年（1880年），虽然重修千里堤，但白洋淀区域仍是洪灾不断。此后，清朝统治日见衰落，无心经营水利。及至民国时期，白洋淀地区更是“十年九涝”。

决策失误，贻害无穷！

中华人民共和国建立初期，白洋淀湖盆总面积五百六十一点六平方公里。因入淀河道狭窄，淀水宣泄不畅，加之堤防不固，每到汛期，一片汪洋。

为根治河北平原洪涝灾害，国家采取塞源节流策略，各入淀河流上游修建水库，拦洪蓄水。虽然减轻了下游洪涝灾害，但由于上游水库拦蓄，入淀水量逐年减少。

20世纪70年代初期，白洋淀治理再度出现偏差，错误地提出了“向淀底要粮”的口号，几乎给白洋淀带来灭顶之灾。

随后，工农业粗放发展，且用水浪费，导致地下水严重超采。白洋淀身下，竟然形成了全球最大的地下水超采漏斗区。

一汪明亮的美目，悄然暗淡，直至干枯。

……

中国人，痛定思痛，最终找准了自己的位置，与自然握手言和。

近年来，国家陆续上马“引岳济淀”“引黄济淀”等工程，终于使白洋淀重现生机。

丛丛芦苇、簇簇青葱之间，荷叶田田，萼红灼灼。白洋淀宛若一位村姑，焦虑过、痛苦过，却也在慢慢成长、成熟。

白洋淀，终于从历史的愁云惨雾中款款走出，蛾眉清秀，笑靥如花。曾经的忧戚与泪水，已经过去……

河北简称“冀”。

禹分九州，“冀”为其首。

“冀”，是希望，是期待，是梦想。

她，在默默地等待着什么？

世界格局变化，国内发展转型，都对中华民族的未来发展提出了新的更高要求，而首都北京，人满为患，远远超出了其自身承载能力，负重前行，力不从心。长此以往，必有决堤成灾之险。

治国如治水，真正的政治家，必然效法大禹，因势利导。

历史的目光四顾扫瞄，最终与白洋淀相遇——雄安新区规划横空出世！在2017年奏响了一曲更加雄壮的“春天的故事”。白洋淀区域，猛然被提升到前所未有的国家战略高度。

以白洋淀为核心的雄安，是雄韬伟略，是长治久安，更是一座走向世界的未来之城！

几亿年的沉睡，几万年的磨难，几千年的迷茫，几百年的彷徨，几十年的哭泣，几年来的凝眸，仿佛都是为了这个结果，为了这个老天在冥冥之中构思了亿万年的约定！

这个约定，出乎意料，极合情理；看似偶然，更属必然！

雄安新区，雄县、容城、安新三县呈掎角之势，互为表里。

这是一种天然的融合与对接，雄壮之风，包容之质，安详之气，中和融通。

“容城”之名的来历也颇有趣味：汉景帝年间，居然册封匈奴降王于此，称容城侯。这泱泱大国的包容气度，与后代生息于此的人们的精神特质是如此契合。

雄安之美，首在历史人文，厚重壮烈，可歌可泣。既有杨六郎坚守瓦桥关，舍身卫长城，又有杨继盛铁肩担道义，浩气还太虚；既有雁翎队大抬杆痛击日寇，又有孙连仲血战台儿庄；既有雄州子弟兵，“天下第一团”，还有“硬骨头六连”，天下无敌手。

还有这片肥沃土地里孕育的美的精灵：白洋淀芦苇画、苇编；雄县米家务纸花、黑陶；容城服装、布艺玩具和安新“一花三宝”（荷花，芡实、皮条、菱角）。当然，还有那些令人垂涎欲滴的美食：鸡里蹦、荷花茶、松花蛋、龙凤鸭……

在安新县的一个小村里，我邂逅了一位渔民老大娘。

老大娘问我，不知道将来雄安新区的楼房里让不让盘土炕。

她深情地说，睡了一辈子土坯炕，织了一辈子芦苇席；将来的新区，如果还能让她织席的手艺用得上，那该多好啊。说着，老大娘悄悄地告诉我，白洋淀最漂亮、最宽展的芦苇席，单领的尺寸是“一丈五”。

织一领“一丈五”的芦苇席，是白洋淀女儿当年最深重的承诺。特别是在出嫁的时候，那是带给婆家的必备的嫁妆，寓意丰满。

是的，未来的雄安新区，看得见山，望得见水，更应该记得住乡愁。

我相信，在那里，既会有高楼广厦，鳞次栉比；也一定会有逐水而居，渔歌互答。一座座青砖瓦舍的古朴土炕上，铺开着一领领宽展展的白洋淀芦苇席，清香袅袅……

正是暮春时节，村前村后，不时可以见到卖小鸡、小鸭的商贩。街巷里，到处是一阵阵鹅黄色、嫩白色的啼唤。

那是小生命破壳后的世界宣言，清越而纯净，热烈而执着。

那一天晚上，我住宿在老大娘村上的农家旅店。大土炕，芦苇席，踏实而温热，睡得特香甜。

早上醒来，忽然发现窗格上一抹猩红，颤颤的，鲜鲜的，如羞赧，如蛋黄，如初恋。我心内一振，马上起床，向外走去。

窗后就是白洋淀。湖水、芦苇和荷叶们仍在睡眠，一切耽于平静。圆润的水面，安谧、安详。那一涡涡依依稀稀的雾岚，是慵懒的梦呓。

渐渐地，猩红愈加浓稠，涂染着湖面，半湖瑟瑟半湖红。

这时候，太阳冉冉升起，惺惺忪忪的白洋淀，满面粉红，楚楚可爱。忽地，一阵风来，仿佛一通锣鼓，万物惊醒。顿时，鸣鸟满天，野鸭欢跳，所有的芦苇荡和小荷们，都兴奋地舞蹈着、鼓掌着……

是的，此时的雄安，宛若正在举行一场轰轰烈烈的婚礼。而她，就是这天地间最辉煌的新娘！

我仿佛看见，这美丽的新娘，已经睁开一汪澄澈的大眼睛，扑闪着浓密的、灵动的睫毛，看着中国，看着世界。

这中国的明眸，蓄满着微笑和自信，写满着对未来千年的美丽希冀！

而那一顶红盖头，便是宇宙间那垂挂天地的纱绸般的圣洁的晨曦，便是那红彤彤的中国梦！

李春雷

2017年5月11日夜12时于邯郸

目录

壮之阔：崇文尚武有遗风

壮之遒：浩然正气冲霄汉

引子

中国的命名文化，可以写一部厚厚的专著。

所谓师出有名，所谓名实相符，所谓名实之辨，所谓名不正则言不顺，无不道出，“名”乃国之重典，民之众望，史之绝唱。

雄安新区的命名，绝对经得起历史的检验。

“雄安”二字，尽得风流。

“雄安”二字，是长期积淀，妙手偶得；是传承有序，其来有自；更是千年大计，应运而生。

雄安，不是空穴来风，不是简单的重新设计与排列组合，更不是拔苗助长，而是历史与现实结合的大树上结出的硕果，是喷薄而出的一轮旭日朝阳，是壮阔与柔美，是阳刚雄风与善美人性的浑然结晶。

古名雄霸之州，雄霸天下；中夹包容之城，有容乃大；近有安新之地，邦宁国安，又独占一个新字，应合着“苟日新，日日新，又日新”的天运国祚。

好一个天人合一，好一个气象万千！

雄安之美，首在历史人文厚重壮烈，雄浑典雅，可歌可泣。无论是杨椒山的“铁肩担道义，辣手著文章”，还是“北方孔子”孙奇逢的屡征不仕，精神高洁；无论是小兵张嘎手里的盒子枪，雁翎队痛击日寇的大抬杆，还是旷伏兆与刘秉彦两位开国将军的生死之约；无论是孙连仲浴血抗击敌寇，还是周福才劝散散兵游勇；也无论是杨六郎与瓦桥关，战云穿越时空，还是雄州子弟兵“天下第一团”，百战百胜军中劲旅……几多慷慨悲歌，几多壮怀激烈！

凡此种种，或优美或悲壮，或朴素或绮丽，或雄浑或缠绵，无不洋溢着一种强烈的生命激情，充满洞穿历史的巨大能量——这，是人世间的一种壮美，更氤氲着一种大美之气。司空图在《二十四诗品》中提出诗歌艺术的二十四种美学境界，排在首位的就是“雄浑”。

雄安——雄浑壮美之雄安，诗情画意之雄安，多情多义之雄安！

雄安儿女对家国对社会的情怀和对苍生万物的大爱，在历史危急关头的挺身而出，在文化长河里激起了美丽的浪花，交相辉映，激荡碰撞，缤纷灿烂，生动地诠释着雄安历史文化的丰富内涵……

壮士之举，值得敬仰；壮美之地，值得期许。

壮哉，雄安！

雄州胜境

壮之魂：丹心千古忠良将

雄安之壮，不分庙堂之高，无论江湖之远。

拨开历史的尘封，回望雄安大地，历代都有忧国忧民的忠良死节之士，魂魄常在，昭示后人；亦有达官贵人，升斗小民，以自己的壮举为家乡添彩增色。

河北民歌《小放牛》脍炙人口，“杨六郎把守三关口”自古传唱至今。

杨家将忠义满门、前赴后继的故事在哪里流传得最为久远?

杨六郎把守的三关口，到底在什么地方?

杨六郎的名字为什么让雄安的老百姓牢牢记得?

忠臣死谏，铁肩杨椒山，青史颂有胆之人。

草根传奇，“戏子”周福才，江湖传不老英雄。

在这里，暖色的回眸里，重涉往事的小溪，总有那么多的仰望与赞叹。

长春电影制片厂拍摄的戏曲故事片《潘杨讼》，西安电影制片厂拍摄的戏曲故事片《忠烈千秋》，曾经风靡全国。杨家将的忠义，雄安人的义气满怀，在这两部堪称雄安人的骄傲的老电影里展露无遗。

在那个年代，胶片和银幕倍显金贵和神秘，雄安人的“忠义”二字令多少国人感叹唏嘘。

老调《潘杨讼》剧照

雄安新区也好，白洋淀也罢，只不过是一个普通的地理符号，而以周福才为代表的民间艺术家们铸就的艺术的辉煌，以及彰显的个人风骨，才是一方水土永不飘散的精魂，才是中国农耕文化最温暖的精粹。

宋辽古战道

杨六郎把守三关口

浩瀚的史书告诉我们，杨六郎把守的三关口就在雄安这片古老的土地上；杨家将忠烈千秋的故事，在雄安人民当中流传得最为广泛。

史载，杨六郎先是在父亲杨业的军中为先锋，在雄安地区暨周边飞狐（今涞源）、遂城（今徐水）一带与辽军大战，名声大振。后来，朝廷派他驻守三关。虽然三关的名字还有争论，但不论是瓦桥关、益津关、草桥关，还是瓦桥关、益津关、淤口关，都无关紧要，关键是三关口与雄安的名字紧紧联系在一起。杨家将的英名和热血染红了雄安这片热土，雄安人民的忠义性格中有杨六郎将军的血脉遗传。

史书载，杨六郎，名延昭。曾任宋代保州缘边都巡检使，后任雄安一带的最高地方长官兼军事统帅。杨六郎在边关二十多年，辽兵屡次兴兵犯境，都以失败告终。白洋淀的军事功能被杨六郎发挥到了极致。杨六郎大摆牤牛阵，杨六郎巧设骒马阵，杨六郎撒豆成兵、撒盐成兵、撒灰成兵的传说，让雄、容、安，三关口这些地名尽人皆知。

在当年杨六郎把守的三关口外，后人曾经一次挖掘出四十万枚箭镞，可以想见当年烽火连天的战争场面是多么壮观和残酷。

史书上说，杨六郎后来就病逝在雄安三关口一带。朝廷派出了使臣专门护送杨六郎的英灵归葬，“移灵时，河朔之人多望柩而泣”。但是在民间传说中，以杨六郎为代表的杨家将永远不会离开雄安这块他们抛头颅、洒热血的热土。

雄安三关口的民间故事中说，杨六郎离开三关口一带的时候，把自己心爱的亮银枪投在一口古井里，那口古井就叫“杨六郎投枪井”。

倒马关的六郎碑，三关口的六郎刀枪架，杨六郎与晾马台，杨六郎与烧车淀，都是忠义仁爱的杨六郎和雄安人的生死相守。

最令人心头一热的传说故事，是“杨六郎与饮马河”的故事。

故事说的是：杨六郎与敌交战数日，人困马乏，回到安州一带，向一户人家讨水喝。没想到，为不给敌兵饮水，村里坚壁清野，人们把水井都填埋了，这户人家生活困顿，只有一个瓦罐里还留有一捧泥水，老夫妻把它端给了英雄杨六郎。六郎没舍得喝，把它端给战马饮用。战马通人性地喝过水，一路用蹄子踢刨着向南跑去。战马一路奔跑，甘泉一路涌出，继而奔腾不息，最终为这里的老百姓找到了一条饮马河。人们向河流源头找去，只见杨六郎和他的战马雄赳赳气昂昂地站立在那里。于是，人们顶礼膜拜，齐声赞唱。

杨六郎，雄安人民心中的守护神！

雄县、容城、安新一带的民间音乐会也多有《杨家将》《吊古战场歌》《穆桂英点将台》的曲目流传。而在千百个星罗棋布的雄安的村庄和遗迹里，“校兵台”“军粮城”“马棚淀”“皇草庄”这样的村名、地名更是比比皆是。

宋辽古战道遗址大门

晾马台石碑

穆桂英点将台

在雄安周边地区，流传着“马棚淀的水喝不得，多少年都有一股马尿味”的传说。在雄安及周边地区，稍微深一点儿的用土区和建设工地，不止一次地挖掘出大量的马骨和箭镞。

那是暗淡的刀光剑影，那是远去的鼓角铮鸣。

传说，总是寄托了人们的一些美好愿望。但现实生活中，雄安地区永远有一股英雄气在驰骋纵横，杨六郎和杨家将的忠义千秋之壮举，在雄安人的口口相传里得到了永生，其精神也得以弘扬——这，是不争的事实！

一个将军，一个士兵，不是战死沙场，就是凯旋家乡。

杨六郎，作为雄安地区的一个英雄形象，永远在雄安古战场上战斗着，永远守卫着雄安人民；而雄安人民，更是把杨六郎当作了自己永远的家人、亲人。

炼胆铸魂

很多人都知道严嵩这个名字，就像很多人都知道包公和海瑞。

大奸臣严嵩以专权误国臭名昭著，大忠臣包公和海瑞以铁面无私、清廉爱民而流芳千载。严嵩与包公、海瑞在这里的混搭，不是“关公战秦琼”式的幽默，而是想说，明代的奸相严嵩也碰上了一位与包公和海瑞一样铁面无私、铮铮铁骨的硬汉——谏臣杨继盛，并且他的忠烈比起先贤来，更是有过之而无不及。

中国历史文化的忠奸大戏演到杨继盛这一回，倍加惨烈。

杨继盛，字仲芳，号椒山，容城县北河照村人。这个从画像上看上去有些羸弱的小个子男人，童年生活非常困苦，上不起学堂。他站在私塾窗户下，坚持旁听了六年，完成了最初的学业，这样的苦学换来了仕途上的一帆风顺。

杨继盛后来考上了进士。

为官后，他第一次当谏臣就是弹劾严嵩的死党——大同总兵仇鸾，给后人留下了他的第一篇名疏奏折——《请罢马市疏》。这一次初试锋芒，杨继盛付出的代价是被贬甘肃边境的不毛之地。

但杨继盛没有丝毫的消沉，他很快就和边民们打成了一片，并动员夫人卖掉首饰和衣服，他则卖掉马匹，办起了义学。同时，他倡导兴修水利，开采矿山，革除粮弊。当地人尊称他为“关西夫子”，叫他“杨父”。

他在甘肃边境只待了短短的一年零两个月，浩浩功业即如泉涌奔流，竟引得几百年后当地仍有“纪念杨椒山临洮兴学四百五十周年”的活动，祭奠崇祀，绵延不绝。

杨继盛画像

杨继盛官越做越大，一直做到了南京户部主事、刑部员外郎，继而做到了兵部的高官。权势熏天的一代奸相严嵩为拉拢这位当代名臣可谓机关算尽，让杨继盛连升四级，可他万万没有想到，他为自己找了一个掘墓人。

杨继盛做上京官之后，眼见严嵩凶焰遮天，国无宁日，毅然决定向这位大奸臣叫板，开始了一场蚂蚁啃大象的行动。

这是雄安人的惊世大勇！

上弹劾奏折前，杨继盛斋戒三天，以明心志。夫人苦心的劝解动摇不了杨继盛为国为民的坚定决心。一封严劾乱臣贼子严嵩的《请诛贼臣疏》递上去了，一潭死水的晚明政坛被搅了个天翻地覆。杨继盛被投进了大狱，酷刑折磨三年，后被严嵩假传圣旨弃尸于市。

这三年之中，两幅中国历史上的经典画面，让世人了解了中国人的忠义文化和不屈血性。

第一幅画面：杨继盛受尽酷刑，血流不止。有故旧打通关节托狱卒送了一副蛇胆给杨继盛，说是服用之后可以止痛败毒，胆量倍增。杨继盛轻蔑地说：“椒山自有胆，何必蚺蛇哉？”

第二幅画面：杨继盛被打断了腿骨，皮开肉绽。他用一块碎瓷片当手术刀，刮骨疗伤。森森白骨，血肉模糊，旁边掌灯的狱卒被吓破了胆，手打起了哆嗦。杨继盛却神态自如，脸不变色，谈笑风生。

杨继盛临刑前，书生忠义本色再一次大放送，他的一首绝命诗写出了笔墨背后的血性肝胆——

浩气还太虚，丹心照万古。

生前未了事，留与后人补。

值得一提的，还有杨继盛的夫人张贞。

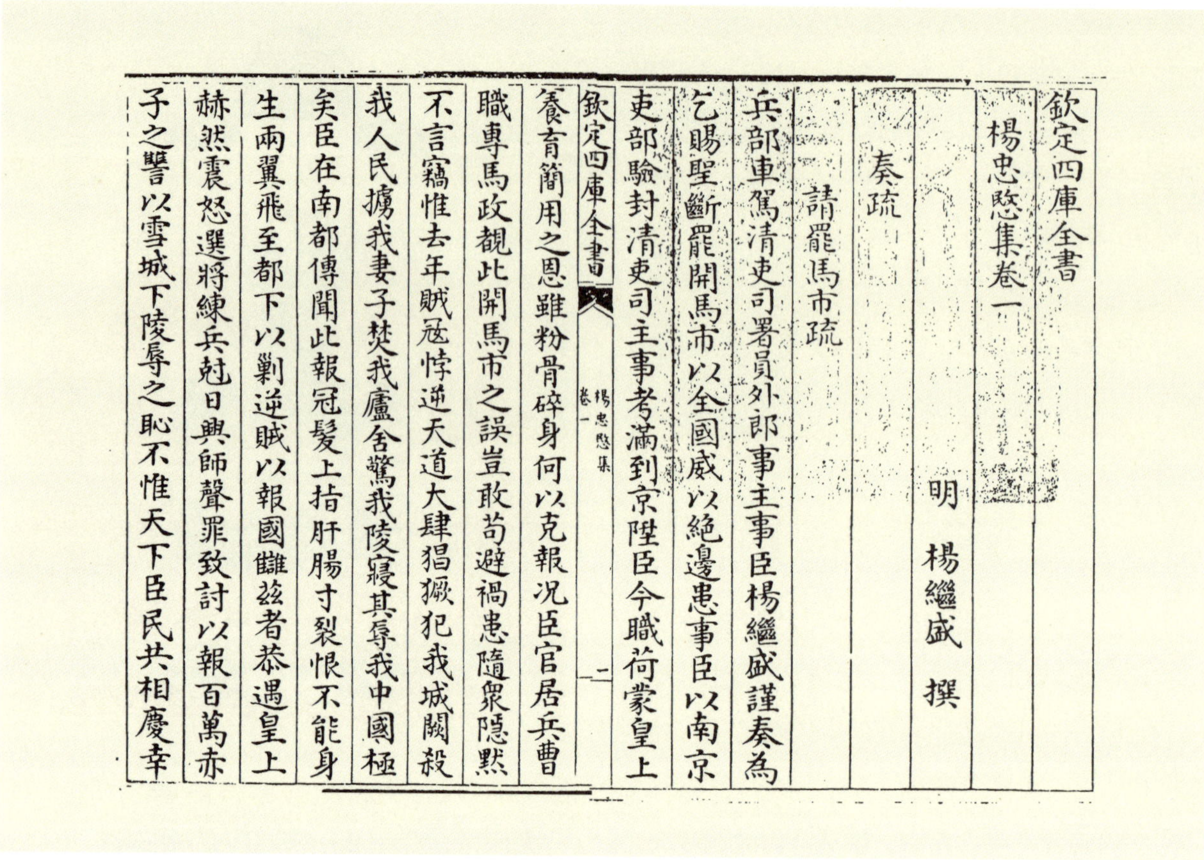

欽定四庫全書
楊忠愍集卷一
明 楊繼盛 撰
奏疏
請罷馬市疏
兵部車駕清吏司署員外郎事主事臣楊繼盛謹奏為
乞賜聖斷罷開馬市以全國威以絶邊患事臣以南京
吏部驗封清吏司主事考滿到京陞臣今職荷蒙皇上
欽定四庫全書 楊忠愍集 卷一
養育簡用之恩雖粉骨碎身何以克報況臣官居兵曹
職專馬政覩此開馬市之誤豈敢苟避禍患隨衆隱默
不言竊惟去年賊冦悖逆天道大肆猖獗犯我城闕殺
我人民擄我妻子焚我廬舍驚我陵寢其辱我中國極
矣臣在南都傳聞此報冠髮上指肝腸寸裂恨不能身
生兩翼飛至都下以剿逆賊以報國讎兹者恭遇皇上
赫然震怒選將練兵剋日興師聲罪致討以報百萬赤
子之讐以雪城下陵辱之恥不惟天下臣民共相慶幸

《请罢马市疏》书影

这位同样满身正气的奇女子在杨继盛临刑前，向皇帝提出“请斩臣妾首以代夫诛”。张贞还天真地幻想让皇帝再发配杨继盛到边关，戴罪立功。可在严嵩权势的高压下，这简直是天方夜谭。

杨继盛被斩后，张贞也殉夫而死。

就在杨继盛被斩后不长的时间里，朝廷中正义的力量在杨继盛精神的鼓舞下，发起了弹劾严嵩的接力赛，终于扳倒了这位不可一世、权势熏天的奸臣贼子。

杨继盛被爱戴他的老百姓塑成了城隍，杨夫人配为隍妻入祀。

杨继盛炼“胆”的故事世代流传，雄安人的钢筋铁骨、忠良正气就这样被炼进了一代又一代忠义之士的骨头里。

时间过去了三百多年，北京城发生了一桩中国近代史上的大事件“戊戌变法”，而它有力的前奏——“公车上书”就发生在杨继盛生前起草谏书弹劾大奸臣严嵩的房子里。

正义的接力还在继续，以天下为己任的书生意气还在延续，雄安人杨继盛的“胆”还在磨炼。

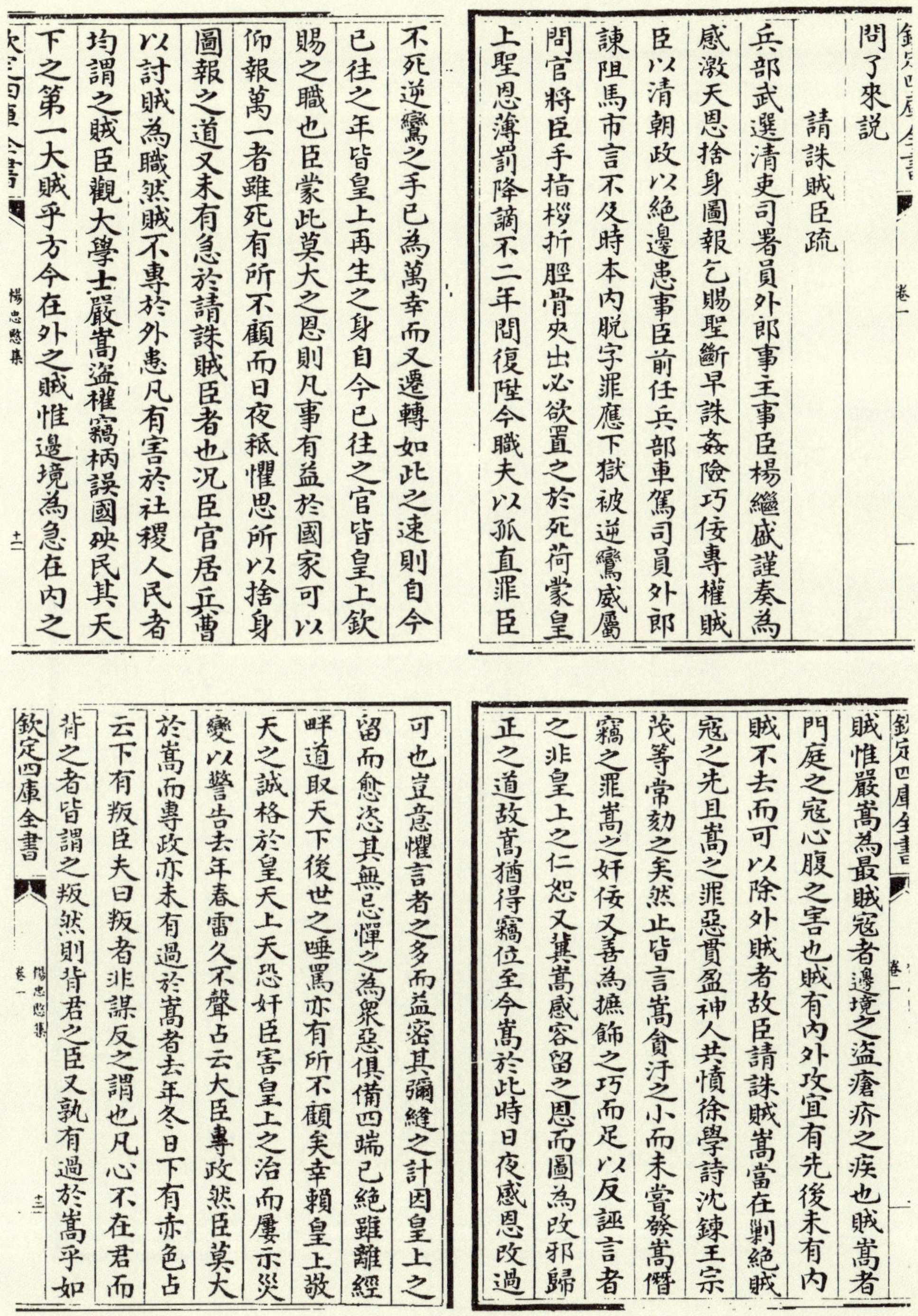
欽定四庫全書
卷一
問了來說
請誅賊臣疏
兵部武選清吏司署員外郎事主事臣楊繼盛謹奏為
感激天恩捨身圖報乞賜聖斷早誅姦險巧佞專權賊
臣以清朝政以絕邊患事臣前任兵部車駕司員外郎
諫阻馬市言不及時本內脫字罪應下獄被逆鸞威屬
問官將臣手指拶折脛骨夾出必欲置之於死荷蒙皇
上聖恩薄罰降謫不二年間復陞今職夫以孤直罪臣
不死逆鸞之手已為萬幸而又遷轉如此之速則自今
已往之年皆皇上再生之身自今已往之官皆皇上欽
賜之職也臣蒙此莫大之恩則凡事有益於國家可以
仰報萬一者雖死有所不顧而日夜祗懼思所以捨身
圖報之道又未有急於請誅賊臣者也況臣官居兵曹
以討賊為職然賊不專於外患凡有害於社稷人民者
均謂之賊臣觀大學士嚴嵩盜權竊柄誤國殃民其天
下之第一大賊乎方今在外之賊惟邊境為急在內之
欽定四庫全書
楊忠愍集
十二
欽定四庫全書
卷一
賊惟嚴嵩為最賊寇者邊境之盜瘡疥之疾也賊嵩者
門庭之寇心腹之害也賊有內外攻宜有先後未有內
賊不去而可以除外賊者故臣請誅賊嵩當在剿絕賊
寇之先且嵩之罪惡貫盈神人共憤徐學詩沈鍊王宗
茂等常劾之矣然止皆言嵩貪汙之小而未嘗發嵩僭
竊之罪嵩之奸佞又善為撫飾之巧而足以反誣言者
之非皇上之仁恕又兼嵩感容留之恩而圖為改邪歸
正之道故嵩猶得竊位至今嵩於此時日夜感恩改過
可也豈意懼言者之多而益密其彌縫之計因皇上之
留而愈恣其無忌憚之為衆惡俱備四端已絕雖離經
畔道取天下後世之唾罵亦有所不顧矣幸賴皇上敬
天之誠格於皇天上天恐奸臣害皇上之治而屢示災
變以警告去年春雷久不聲占云大臣專政然臣莫大
於嵩而專政亦未有過於嵩者去年冬日下有赤色占
云下有叛臣夫曰叛者非謀反之謂也凡心不在君而
背之者皆謂之叛然則背君之臣又孰有過於嵩乎如
欽定四庫全書
楊忠愍集
卷一
十三

《请诛贼臣疏》书影

王子西巖（名之誥 湖廣人）送蚺蛇膽一塊托校尉苗生者齎酒
一壺云可以服蚺蛇膽予曰椒山自有膽何必蚺蛇哉
止飲酒一杯彼又云莫怕予曰豈有怕打楊椒山者遂
談笑赴堂受打未打之先心已有定主打之時兩眼觀
心舌拄上齶牙齒緊對意不散亂口不呻吟蓋一呼吽
則氣亂氣亂則血入心必死方打四五棍時心受疼不
過若忙亂者遂一覺照自思此心亂矣於是提起念頭
視己身若外物者打至五六十忽覺若有人以衣覆之

楊忠愍集　四十二

《杨忠愍集》书影

杨继盛祠堂

就在杨继盛狱中炼“胆”的几十年后，一出取“丹凤朝阳一齐鸣”之意的戏曲《丹凤记》上演了,绝对的当代主旋律。戏中杨继盛在“写本”一折中唱道：“我只是一心要展擎天手，管不得十指淋漓血未干。”

当代史学家高阳这样评介杨继盛炼“胆”的行为：“杨继盛身后享名之隆，古今言官第一。”

杨继盛炼“胆”，让世人知道，雄安人的骨头是最硬的。

有意味的是，杨继盛在参劾仕途“恩人”严嵩的上疏中提到了皇族中其他的二王，犯了大忌，这使得杨继盛在中国官场文化中显得尤其另类，很长一个时期不被人理解。但沙土终究埋不住金子，杨继盛单枪匹马挑战黑暗政治文化的阴冷与强权，让戴着面具的“纸牌屋”轰然倒塌，这在彰显中国古代政治文化的积极意义上，怎么说都不为过。

杨椒山炼“胆”，清醒，果决，大义凛然。政坛不需要铁幕，政治清明才是一个时代与人民的福音。

老调梆子名家周福才

雄安人居庙堂之高的朝廷大员如此豪侠，如此壮烈；撂地摊唱大棚的“戏子”，同样豪气干云。说起军阀混战年代老调梆子一代名家周福才的故事，雄安人最是耳熟能详。

周福才，小名福子，安新县南冯村人，著名老调梆子艺人。他和他的同行们把老调梆子唱到了一种极致：做饭离不了锅灶，听戏离不开老调。

那一次的演唱非同小可，台底下的听众是刚刚溃败下来的一营杀红了眼的散兵游勇。那个喝得东倒西歪的长官，把一把大刀交给卫兵，说：“他唱着戏，你磨着刀，唱得不好，砍了他吃饭的家伙儿！”刀光剑影中，周福才登场了，唱的是他的拿手戏《劝军》。有一段唱词最为精彩，台底下的士兵们眼珠不错，仄耳细听：

打胜仗回营来才餐战饭，
你打败仗羞答答难回营盘。
战死在两军阵不如鸡犬，
把一个热身子扔在了阵前。
有亲戚和朋友捎书带信，
你举家老小哭皇天。
爹也想，娘也盼，那妻子房中守孤单。
劝尔等退了伍回家去孝母，
落一个庄农人苦种庄田。
春种秋收打几石，

周福才

咱们纳了皇粮不怕官。
到夜晚你把那柴门紧闭，
怀抱子足蹬妻自在安然……

周福才使出了浑身本领，唱出了雄安乡亲百听不厌的“水音儿花腔”，直唱得拉弦的、配戏的忘了这是在演戏，情不自禁地跺脚拍手叫好；直唱得台下的大兵们鸦雀无声，满面泪痕。

不用说，这场现场直播的劝军戏没有演完，那个军官就红了眼，要捉拿周福才。好在有被周福才的演唱感动得泪眼涟涟的军兵们帮忙，周福才才趁乱逃走，在口外避祸达半年之久。那一营军阀士兵第二天大多开了小差。

一出戏劝散一营兵的老调梆子，简直就是雄

周福才（右一）《调寇》剧照

安人“义”字当先的活教材。

若没有对家乡人民深沉的热爱，若没有对家乡人民苦难生活感同身受的同情，若没有不怕掉脑袋的义气精神，周福才的戏、周福才的传奇故事，大概不会像白洋淀的清水一样流淌在人们心头吧。

壮之烈：义薄云天传千秋

雄安新区人性的壮烈，民风的强悍，与这个名为“北方孔子”的大学问家孙奇逢息息相关。所谓“范阳三杰”，所谓“容城三贤”，都离不开这位乱世烟云中的读书人。

受先贤遗风之熏陶，作为后来者，寿衣寿帽赴日寇所设鸿门宴的著名书法家潘龄皋，则在国难当头的抗战时期，旗帜鲜明地表现了一个文人视死如归的气节。

在广袤的华北大平原上，雄县、安新、徐水、定兴和高碑店之间，裹挟着一片三百平方公里的土地——容城县。这是保定所属十八个县（市）中的袖珍县、钻石县。几千年兴废沿革，至今依然保留着小小的容城县制，自有其道理。这里物华天宝，人杰地灵，产生过令县人引以为豪的“容城三贤”——宋元之际的大学者刘因、明代弹劾权奸严嵩而遇害的谏臣杨继盛、明清之际的鸿儒孙奇逢。

先贤名流，无疑是一个地区的星辰，光耀千秋万代。明代末年，著名的抗清英雄孙承宗与鹿善继、孙奇逢志趣相投，经常在一起切磋学问，相互砥砺。他们三人分别籍在京畿之地高阳、定兴、容城三地，便有了“范阳三杰”的合称。

无论是“范阳三杰”“容城三贤”，还是书法家潘龄皋，他们的共同特点表现为：虽为读书人，性嗜理学，却关心国家兴衰，疾恶如仇，反对异族侵凌，有着维护国家、民族尊严和利益的强烈感情。在事关生死利害的时刻，他们都能做到矢忠正义，气节凛然。他们都能诗擅文，常发深沉浩叹以浇胸中块垒，是为慷慨悲歌。

孙奇逢画像

这些共同的节操风骨，有着明显的燕赵志士仁人的遗风流韵。

韩愈评李白、杜甫之诗有“李杜文章在，光焰万丈长”之句，我们同样可以把这千古名句移赠给他们。

今天的雄安新区，历史与道宗文脉，从义薄云天的仁人志士的头脑中喷涌而来，他们像星辰北斗，拱卫着雄安这片神奇的土地。

“北方孔子”孙奇逢

孙奇逢，被后人称作“北方孔子”，也叫“孙征君”。皇帝的征召令在这位老先生的眼里就像王权的遮羞布，面对十几次的征召，孙奇逢不为所动，哪怕是在穷乡僻壤以挖野菜充饥的艰苦岁月，哪怕是国子监祭酒的高位虚席。

胸中自有雄兵百万，眼底看惯沧海桑田，孙奇逢是大丈夫自风流。

孙奇逢雕像

孙奇逢（1584—1675），字启泰，一字钟元，直隶容城人，明末清初理学大家，与黄宗羲、李颙齐名，并称“明末清初三大儒”。晚年讲学于河南辉县夏峰村，从者甚众，世称“夏峰先生”。

明万历二十八年（1600年）孙奇逢中举，后因父母接连去世，在乡庐墓六年，为父母守孝。其间，他刻苦读书，经、史、子、集广为涉猎，并多与贤友切磋论学。有一次，孙奇逢遇到了乡贤杨继盛的儿子，此时有人问他：假若有一天敌兵把你包围在城里，内无粮草，外无救兵，你怎么办？孙奇逢回答：效死勿去！

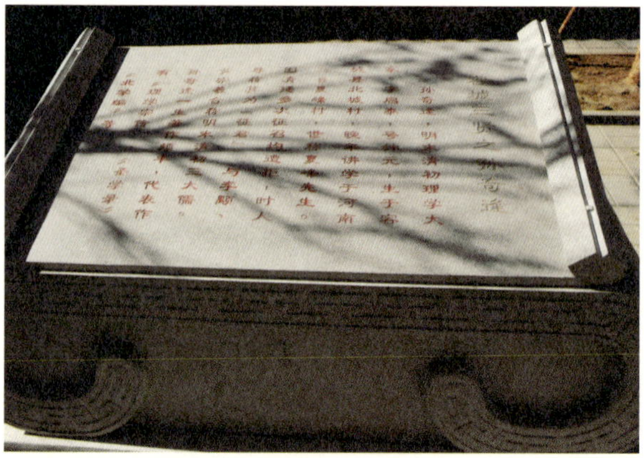

孙奇逢简介石刻

更值得中国历代知识分子敬佩的是，孙奇逢绝不是一个死读书、读死书的书呆子。他读书经世致用，敢于担当。东林党干将左光斗、杨涟等被捕入狱，多少人避之唯恐不及，孙奇逢却积极联络各方志士施以援手。他的家成了救援联络处，难友亲友来来往往，孙奇逢毫不惧怕阉党魏忠贤的凶焰。他还运作手握兵权的好友、

孙奇逢纪念馆大门

直究身心性命之微
繼周程張朱而後統緒遥衍
堂
十二世孫居超敬書

孙奇逢纪念馆主体建筑——孝友堂

孙承宗画像

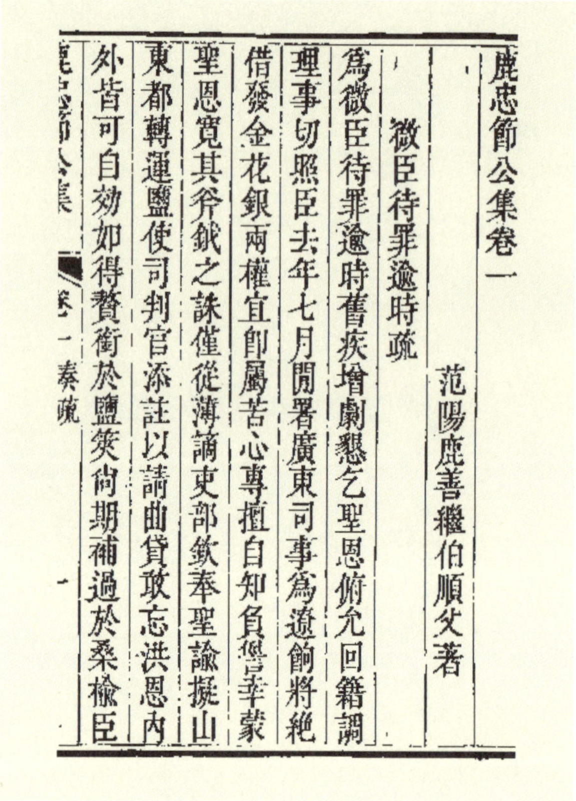

鹿忠節公集卷一

范陽鹿善繼伯順父著

微臣待罪逾時疏

爲微臣待罪逾時舊疾增劇懇乞聖恩俯允回籍調理事切照臣去年七月間署廣東司事爲遼餉將絶借發金花銀兩權宜即屬苦心專擅自知負罪幸蒙聖恩寛其斧鉞之誅僅從薄謫吏部欽奉聖諭擬山東都轉運鹽使司判官添註以請曲貸敢忘洪恩内外皆可自効如得贅銜於鹽筴尙期補過於桑榆臣

鹿忠節公集 卷一 奏疏 一

鹿善继奏疏书影

“范阳三杰”之一的孙承宗进京“兵谏”，威慑魏忠贤之流。

明代末叶，崇祯九年至十四年（1636—1641年），清军在多尔衮、阿济格等一干生猛亲王的率领下，多次绕道长城袭扰北直隶。那些饱食终日的明朝文官武将们要么避战求和，要么三十六计走为上。更有甚者，有的武将畏敌如鼠，在清兵退却后，自知罪责难逃，每日服大黄以求速泻而死。反倒是被后人称为“范阳三杰”的儒生孙奇逢、孙承宗、鹿善继，婴城固守，不惜捐躯成仁。其中，鹿善继虽无守城之责，但自蹈死地，城破而亡。曾两任蓟巡督师的大学士孙承宗一家数十口死于守护家乡的城池之役。有后人赞之曰：“两度督师，何惧体衰年迈；一朝赴死，任凭发白血红。”

在这些保卫家乡的战役中，唯有孙奇逢指挥的容城保卫战取得了胜利，清兵久攻容城县不下，无奈退去。

一介书生，凭着自己的心智和奇谋，凭着经世致用的治学精神，在历史转折关头，发挥了自己最大的作用。

孙奇逢，雄安人民心中永远的星宿，让雄安地区的思想文脉充斥着朴厚敦信、英勇无畏、高洁超迈的精神。

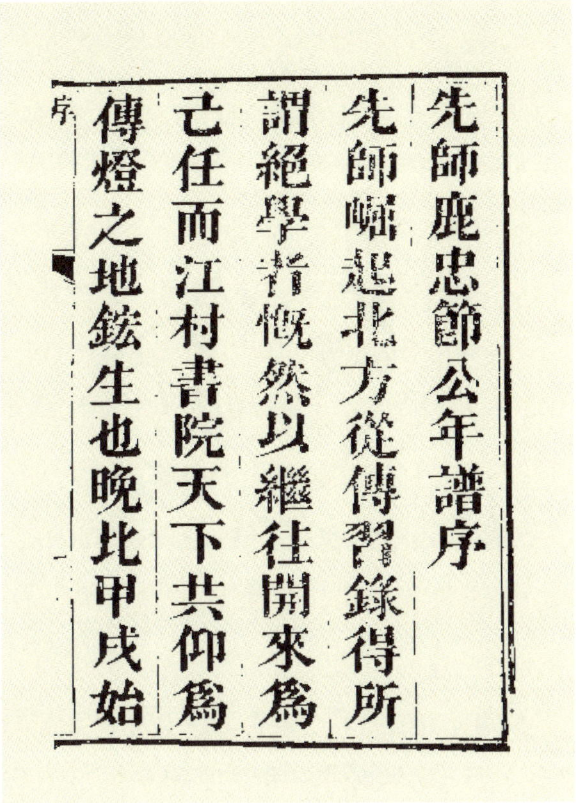
先師鹿忠節公年譜序
先師崛起北方從傳習錄得所
謂絕學者慨然以繼往開來為
己任而江村書院天下共仰為
傳燈之地鋐生也晚比甲戌始

鹿善继年谱书影

在哲学思想上，孙奇逢调和程朱陆王，“以慎独为宗，以体认天理为要，以日用伦常为实际”，提倡学者不可拘门户之见，认为朱陆之间“不宜有心求异，亦不必著意求同”，对清初理学影响很大。

孙奇逢一生著述颇丰，他的学术著作主要有《理学宗传》《圣学录》《北学编》《洛学编》《四书近指》和《读易大旨》五卷，以及《书经近指》等。

之所以被后世称为“北方孔子”，孙奇逢的著作也颇有《论语》之韵味。如下文：

> 问：齐家之难，难于治国平天下。家迩天下远，家亲天下疏，何以难？曰：正惟迩则情易辟，正惟亲则法难用。夫家之所以齐者，父曰慈，子曰孝，兄曰友，弟曰恭，夫曰健，妇曰顺。反此则父子相伤，夫妻反目，兄弟阋墙。……从来均平天下之人，每于此多动心忍性。盖法制所不能束，禁令所不能施，以此思难，难可知矣。

传闻，孙奇逢的祖父曾经这样教导孙奇逢：“做官要钱，无非为子孙计，不知一要钱，子孙微矣。”意思是说：做官要钱，无非就是给子孙做打算，殊不知一要钱，子孙的品德就变得低下了。又说：“子孙不如我，要钱做什么？子孙胜似我，要钱做什么？”是说：子孙如果不如我，你给他钱有什么用呢？子孙如果比我强，那么你给他钱就更没有用了。

通过这些言语，我们可以看出，孙氏家族在孙奇逢以前已经是淡泊名利、笃行仁义，深具清白家风了。

“范阳三杰”之一的大学士孙承宗壮烈殉国后，孙奇逢赶往高阳为孙承宗收尸；定兴县名士鹿善继就义后，孙奇逢为其著作编辑事宜费心操劳。孙承宗谥号“文忠”（一说“文正”），鹿善继谥号“忠节”，而孙奇逢被后世尊为“北方孔子”，他们的功德、善行、著作成为雄安人忠义品德、壮烈精神的活化石。

看，计利当计天下利，英雄惺惺相与惜。

雄安人，燕赵风骨，慷慨悲歌，世世代代一脉相承，义字当先。

理学家刘因

远有“范阳三杰”，近有“容城三贤”。

除了“北方孔子”孙奇逢、明代第一言官杨继盛，当然，不应该被忘记的还有元代理学家刘因。

刘因（1249—1293），宋元之际的著名学者、诗人。字梦吉，号静修，雄州容城人。官至右赞善大夫，后借口母丧辞官归里。死后被追封“容城郡公”，谥“文靖”。

明朝时，县官乡绅为刘因建祠以祀。且不论刘因的著作之丰——《四书集义精要》《易系词说》收入《四库全书》，单看刘因的那些名诗警句，便可一窥这位雄安名士的才情、抱负与胸襟。

刘因画像

早年，他在《秋夕感怀》诗中说：“整顿乾坤了，千古功名立。”中年，他感叹“头上无绳

系白日，胸中有石补青天”（《除夕》）。老来，他讥讽丧尽廉耻的追逐名利之辈：

拟古

多少白面郎，屈节慕身肥。
奴颜与婢膝，附势同奔驰。
吮痈与舐痔，百媚无不为。
丈夫宁饿死，岂无需口斯。
鸿鹄凌云志，燕雀安能知。
二禽登寥廓，尺口笑藩篱。
世态尽伥鬼，吾将谁与归。

白沟

宝符藏山自可攻，儿孙谁是出群雄。
幽燕不照中天月，丰沛空歌海内风。
赵普元无四方志，澶渊堪笑百年功。
白沟移向江淮去，止罪宣和恐未公。

从中能读出一代知识分子面对宋辽界河发自肺腑的悲命忧情。

他何以感叹“澶渊之盟”的可笑悲剧？何以惋惜宋王朝的南迁？这莫不与其经历的沧桑乱世和不变的家国情怀息息相关。

三贤文化公园

寿衣寿帽赴鸿门

如果你是一个书法家，或者一个对书法艺术有所涉猎的读书人，就不可能不知道“潘龄皋”这个名字在中国书坛上的名气与地位。其书法看似清秀圆润，实则外柔内刚，骨肉分明，点画间果断干净，清气氤氲。

抗战期间，一代乡绅潘龄皋拒绝出任河北省伪省长，在日本人和汉奸摆设的鸿门宴上，头戴寿帽，身穿寿衣，大有“壮士一去兮不复还”的慷慨与决绝。

在潘龄皋的故乡安新县安州镇外，有一处秋风台，传说是古义士荆轲就道刺秦时与燕太子丹分别之处……

潘龄皋像

“天津华（华世奎），北京潘（潘龄皋），保定府出了个尹乾三。”这句书法俗语道出了一个时代华北大地上书法艺术的繁盛景象。

但这句俗语有误，潘龄皋先生不是北京人，他是地地道道的安新县安州镇人，即今天的雄安新区籍人士。那么，潘龄皋这位末代翰林，是如何客居京华，闯出了自己的一片天地？他的前世今生，有着怎样的人生故事？他的清奇书风，又有着怎样的兰因絮果？

清代光绪年间，安新县曾出过一位翰林，名潘龄皋。自光绪二十年（1894 年）、二十一年乡试、会试联捷并入翰林开始，至 1954 年病逝，他历经朝代更迭，然始终头脑清醒，恪守节操，以德才立身，以书法名世。尤其难能可贵者，乃其桑梓之念，终生不渝；爱国之情，老而弥笃，颇值得一书。

先说潘龄皋蟾宫折桂。

潘龄皋（1867—1954），字锡九，号葛城居士，直隶安州人，清同治六年正月初九 (1867 年 2 月 6 日）出生于当地的一个书香世家。祖潘祖望，清生员；父潘希曾，清庠生，却皆享寿不永。龄皋少孤，然天资聪颖，勤奋好学。入塾发蒙后，常焚膏继晷，刻苦自励，诚为可造之才。年十四，中秀才。后为谋生而受聘塾师，开坛授课之余，不忘自学深造，兼习书法。渐通经史，旁及诸子百家；喜读唐诗宋词、清桐城派古文，尤以书法见长。弱冠搦管，挥洒自如，初具气象，乡贤称之。

清光绪二十年龄皋赴京应乡试，中举人，翌年乙未科殿试，联考联捷并获选庶吉士，入翰林。据朱保炯等编《明清进士题名碑录索引》卷下，龄皋获二甲第十四名进士；另据朱汝珍编《词林辑略》卷九：潘龄皋，字颐山，一字小泉，散馆改知县，官至甘肃巡警道。当然，这是指其在清亡前的官职。

按清制，庶吉士入翰林需学习三年，参加散馆考试，合格者留馆，成为正式翰林官，余者则委为部属或外派知县，但世人仍以翰林目之。龄皋未得留馆，于光绪二十四年外派甘肃，任隆德县知县。

龄皋在任期间，多施惠政，民感其行，甚受推戴，曾有为之立生祠之举。此后，又出任张掖、皋兰知县，秦州、隶州知州，并被任为兰州知府，未到任，即被选拔为甘肃巡警道。

光绪三十二年，潘龄皋卸任还乡。

潘龄皋一生历尽沧桑。辛亥鼎革，民国建立。龄皋复出，曾暂代甘肃省提学使、布政使。1914年6月，出任边关道（安肃道）道尹兼嘉峪关监督，1919年3月辞去官职。1921年6月，北洋政府大总统徐世昌委任他为查勘甘、新禁烟大员。1921年10月，任甘肃省省长。因军阀倾轧，派系纷争，迫于形势压力，龄皋于1922年7月辞官，再回家乡安州赋闲，自此淡出官场。

此间，龄皋闲静少言，深居简出，专事书法，兼吟诗赋，名望日高。尤以行书渐成独特风格，深受书界推崇。宋哲元任冀察政务委员会委员长时，聘龄皋为参议员。他为宋手书四条屏朱伯庐《治家格言》，在宋部将士中散发。

龄皋轻财仗义，乐善好施，常为乡里做善事。

1925年，安州乡绅陈起等人赴天津和奉军第一师师长、直隶督军李景霖秘密商定，强行向安新征收席箔税。陈等横征暴敛，百姓激愤。在龄皋支持下，乡人痛打陈起，强收席箔税之谋遂告破灭。为此，安新席民捐款，在安州北门建亭立碑，以示纪念。

七七事变后，外患日深。桑梓民众奋起救亡，推龄皋为安新县县长。

1938年，日军进占安新。为弱化和瓦解民众的抗日情绪，日寇指使汉奸多次礼聘龄皋出任县维持会会长，但他拒受伪职，引起日寇及其鹰犬的强烈不满。

为安全起见，他于1938年1月离开家乡，定居北平。

未料离得狼窝，再入虎口。

日军又进一步威逼利诱，请龄皋出任河北省伪省长，当时的大汉奸如江朝宗、王揖唐等，皆与之有旧，故轮番登门拜访，苦劝其出山就任，均遭坚拒。日酋恼羞成怒，遂命宪兵将其逮捕。临行时，龄皋下定决绝之心，穿戴好寿衣寿帽，大有荆轲“壮士一去兮不复还”之悲壮。后经友人营救，龄皋于入狱十余日后取保获释。

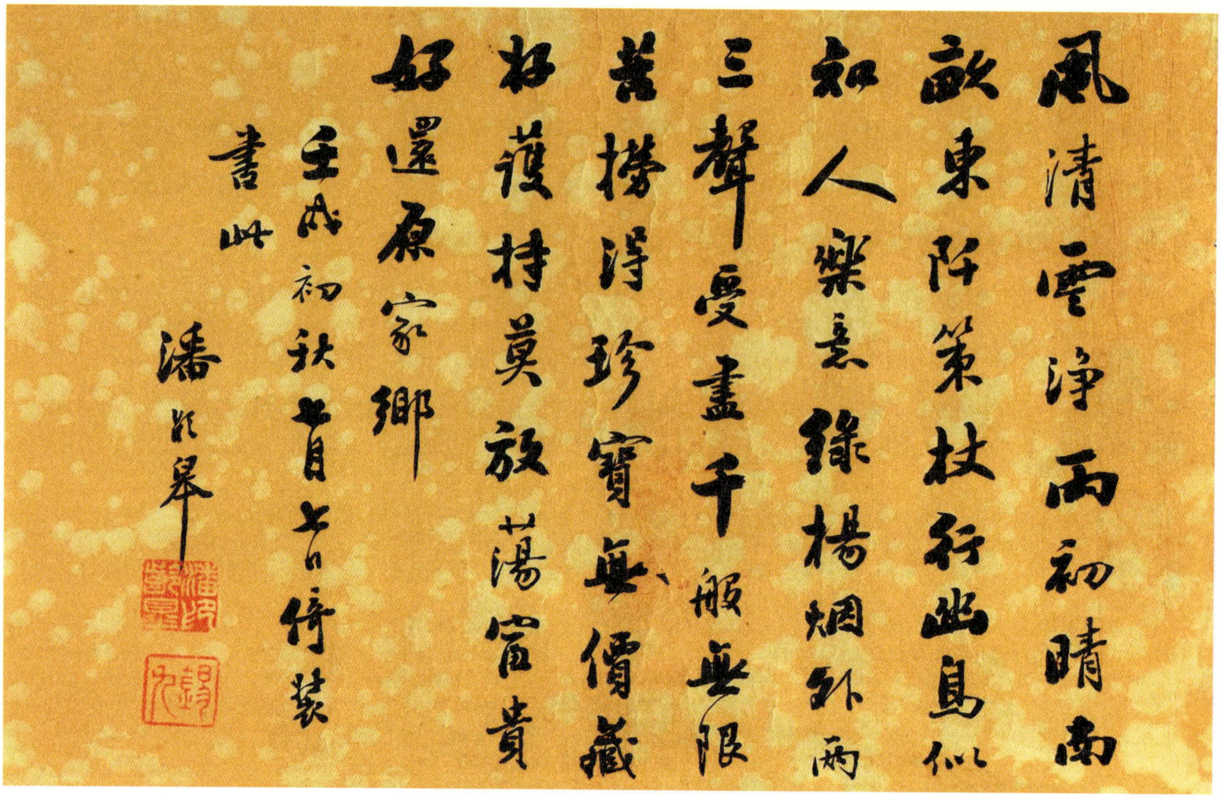

潘龄皋1922年辞官时书明人段坚诗

嗣后，龄皋鬻字以维持生计，以前朝翰林之尊，宁肯为人抄写佛经，书写扇面、条幅、中堂等，亦决不俯首于日寇而损气节，表现出士大夫的浩然正气，赢得了世人广泛的尊敬与嘉许。

抗战胜利后，鉴于龄皋在日伪时期因高风亮节而赢得的社会声望，国民政府拟将其安置在华北行辕任职。但他目睹时局混乱，对国民政府不存幻想，遂以年老体衰为由婉拒。

内战爆发，时局仓皇。龄皋以天下苍生为念，密切关注着形势变化。平津战役期间，恰龄皋任北京“文友社”社长（时称责任社友）。该社是一个以倡导和平、弘扬文化为宗旨的社会名流组织。在战火燃至平津的危急时刻，为避免八百年古都毁于一旦，在社会各方人士敦请下，由龄皋领衔，以文友社暨平津工商各界代表名义联合通电作战双方，请划平津为非战区城市。

天津解放后，龄皋又两次写信给傅作义将军，力促傅与解放军和谈。傅作义将军与所部其他将领对龄皋尊敬有加，特邀其参加贤达会。龄皋在会上直抒己见，身主和谈，为北平和平解放做出了积极贡献。

北平和平解放后，潘龄皋继续担任文友社社长。

1949 年 10 月 1 日，潘龄皋应邀参加开国大

文友社欢谶傅宜生先生纪念照（右二为潘龄皋，右三为傅作义）

典，见证了新中国的成立；晚间，又应邀至中南海瀛台出席国宴。席间，与中央人民政府秘书长林伯渠和徐特立、吕正操等领导及各界代表畅叙、和诗。归后，感慨万千，夜不能寐，特赋诗以记录开国之盛况及其感想。云：

> 林伯渠秘书长召集同仁在瀛台欢宴，叙诗以谢之："万机佐理有余闲，招集良朋兴倍欢。客聚东南皆夙契，筵开水路喜加餐。欣逢国庆人同乐，况值人心已久安。太液池边齐饱德，敢忘嘉会共盘桓。"

兴奋之情溢于言表。

1949 年 12 月 1 日，毛泽东主席签发委任状，任命潘龄皋为中央人民政府人民革命军事委员会参议。龄皋欣然接受，并为自己晚年能够有机会为国事建言而深感欣慰。

新中国成立伊始，世事纷纭，而中央政府于万机之余，不忘尊老亲贤，以崇古礼，特筹划设立专门机构，以安置德高望重的社会贤达。

1951 年 7 月 29 日，中央人民政府政务院文史研究馆成立，潘龄皋和邢端、志琮、邵章、陈云诰等五位前清翰林同时被聘为中央文史馆首批馆员，并享有优厚待遇。

潘龄皋书《重修苑口村永济桥记》

1949—1954 年，潘龄皋连任北京市人民代表会议第一、二、三、四届代表和北京市第二届政协委员，因而一直受到政府的关怀与照顾，生活安定，心情舒畅。周恩来总理和吕正操将军曾亲自到其家中拜访，并为他调换过住所。

1954 年 6 月 19 日，潘龄皋病逝于北京，享年八十七。

潘龄皋先生学富五车，博学多闻，不仅是一位爱国人士，也是一位文化巨匠。自清末、民国至新中国成立初期，龄皋均以书法名世。其书法艺术自成一家，名重平津和冀中一带，与谭延闿齐名，时有“南谭北潘”之论。龄皋曾为平津许多商号店铺书写匾额，颐和园、北海团城亦有其书写的碑文和楹联。

民国时期，北平、天津曾出版其字帖十四种，其中以《胡大川幻想诗》《南濠诗话》《又一村诗话》《潘龄皋太史墨宝》最为著名。1985 年，天津市古籍书店根据 1934 年天津“文成堂”为他出版的字帖，刊印了《潘龄皋行书四种》，对潘体书法有弘扬之功。

潘龄皋书法以行书见长。乃以颜（真卿）字为基，远取苏（东坡）书之腴、赵（孟頫）书之淑、董（其昌）书之雅，近取刘（墉）书之厚，融筑而成自身风貌。其大要乃笔法尚饱满，多用逆笔入纸，导墨行笔，笔画外柔内骨，点画果断干脆，洁净利索；撇画挺拔而厚重；捺画一波三折而内含筋骨；钩画多方折；竖画行笔时劲健凝重，万毫齐力，收笔时至力量饱满时戛然而止，有笔止

潘龄皋书法：山云林壑联

潘龄皋书法：文质洁清联

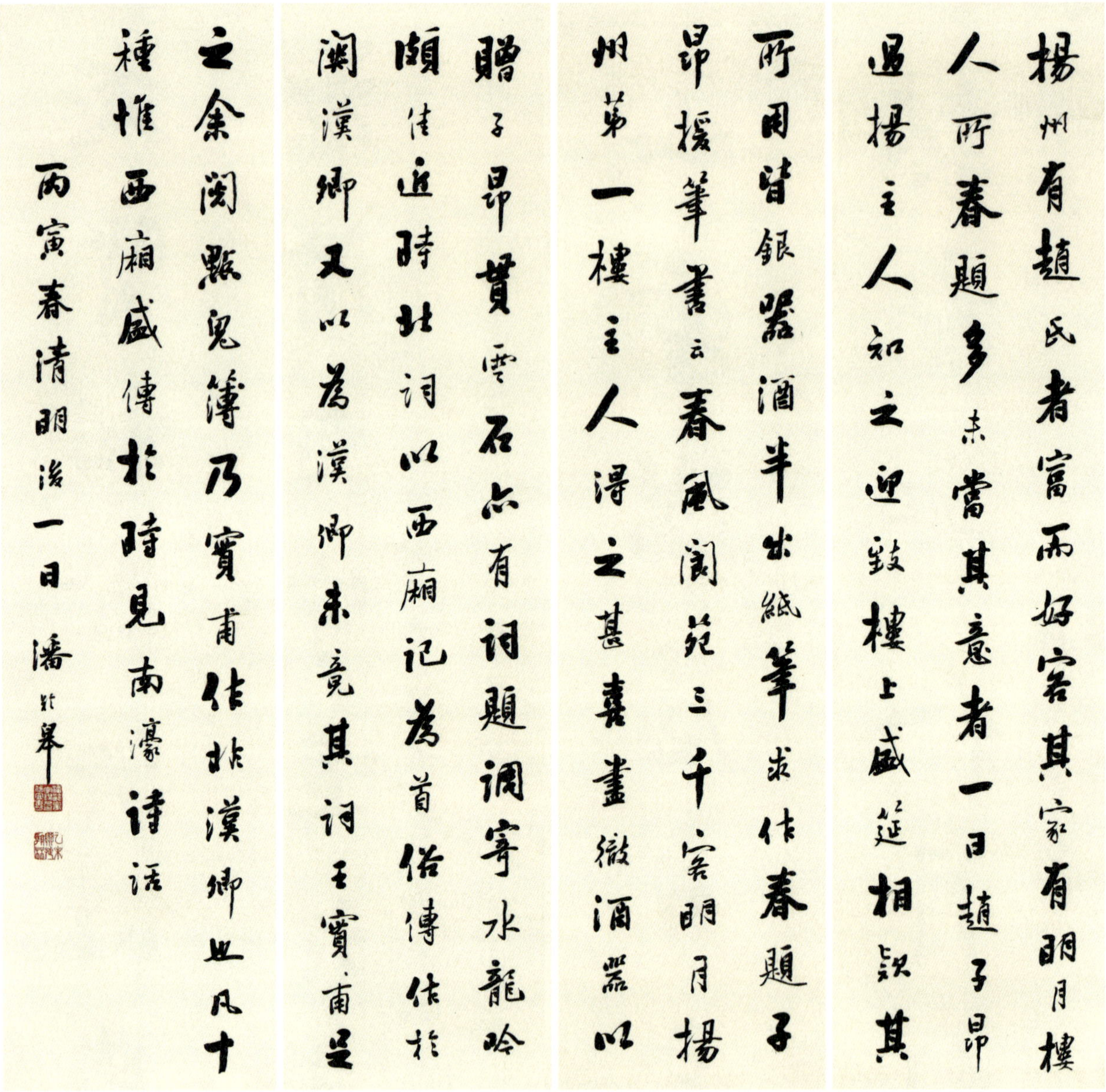

潘龄皋《南濠诗话》节录

意无尽之感。其结字重欹侧，与前人不同，特征是：上重下轻，左重右轻；上下紧密，左右宽松；上横不平，偏竖不直。偏正欹侧之中意趣横生，气韵生动。其章法崇尚朗清，整体感觉疏朗、匀称、平稳；肥瘦呼应，大小相间；粗细错落，轻重互见，跌宕起伏，韵律勃动；肥而不肿，瘦而不枯；宽而不散，细而不弱。总之，龄皋书法形美神足，外柔内刚，娇美而不坠俗媚，含蓄而不露锋芒，于静谧、安详、平和之中蕴含着勃勃生机。

其居北平时书法风格已臻成熟，用笔重中见

轻，结字左紧右松，章法疏朗清逸。自 1938 年直至逝世，龄皋多有所题匾额和手抄经卷问世，风格纯熟闲雅，境界炉火纯青，因而书法界有“天津华，北京潘”之说。殊不知，北京的书法大家潘龄皋，翰墨间却充溢着白洋淀的墨香，身心内铭刻着雄安人的风骨。

古语有云：字如其人。潘氏书法所体现的“外柔内刚，外圆内骨”之风韵，与龄皋先生处世之道正相吻合。

时值乱世，白云苍狗。

龄皋以翰林之望，饱学之身，却能恬静自守，审时度势，不求闻达；在险境中进退有据，不失气节，善始善终，仁者高寿，享以天年。而今，逝者远去，墨韵长存，实为直隶翰林太史前辈中之佼佼者。

写到这里，潘龄皋这位在日伪的鸿门宴上头戴寿帽、身穿寿衣的形象在后人头脑中无比清晰起来，高大起来。让我们把潘龄皋与古代的义士荆轲做一个穿越式的对比，我们读懂了许多我们这个民族性格中最为珍贵的东西。

假设我们回到我们民族的童年，回到那个肃杀凝重、落叶飘飞的早晨……荆轲要上路了，这是一次有去无回的忠勇征程！“风萧萧兮易水寒，壮士一去兮不复还。”两千多年前的英雄壮举多么像一场精彩的电影大片，不但有听来让人热血贲张的唱词，四位主人公还各有道具：荆轲的剑，高渐离的筑，太子丹的酒，当然，还有樊於期的人头。他们的四人小合唱配合得天衣无缝，那是燕赵之子义气忠魂的不朽绝唱，在今天雄安南易水河畔被历史刻录在岁月的深处，回响在雄安人的精神年轮里。

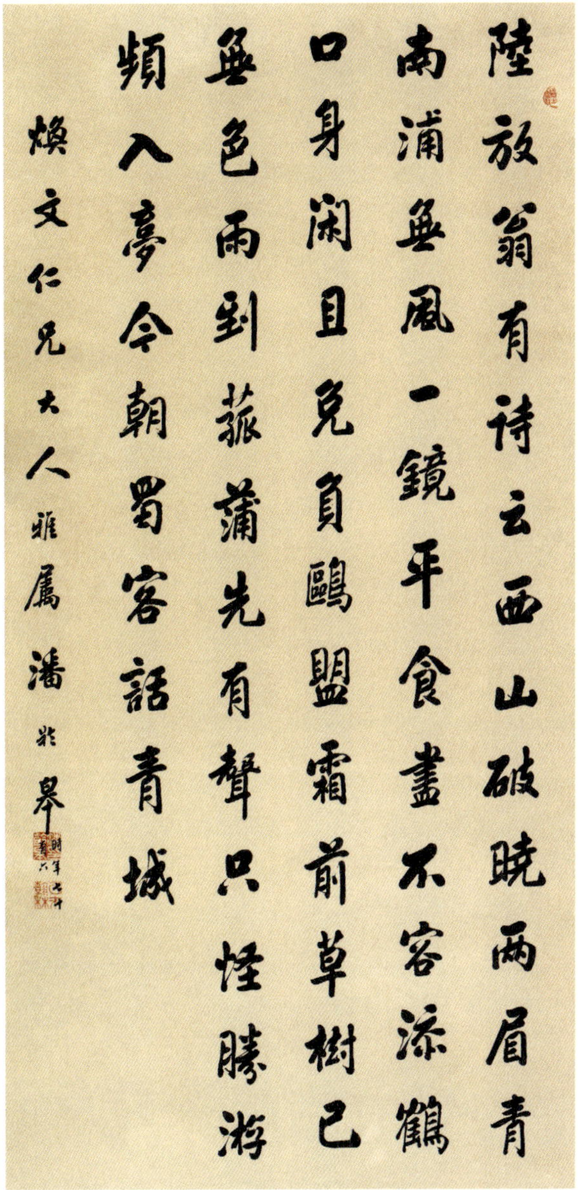

潘龄皋书陆放翁诗

而今，这个传唱千年的忠义大戏，又有了新的主角、新的道具，新主角名叫潘龄皋，新道具是这位翰林的寿衣寿帽，还有他的一管狼毫毛锥，他飘洒着翰墨芬芳的擘窠大字……

雪映金秋

壮之勇：水上长城不可摧

毛泽东说，战争的伟力之最深厚的根源，存在于民众之中。

雄安新区的抗战历史，是一部人民战争活剧的光辉篇章。当抗日的烽火在风光秀丽的白洋淀上燃起，广大民众奋起抗击，筑起水上长城，涌现出许多脍炙人口的故事和智勇双全的勇士。

而这一历史篇章最著名的人物与故事，都有着奇异的名字和艳丽的色彩。

他叫“小兵张嘎”。

它叫雁翎队。

……

毛泽东在《论持久战》中说："日本敢于欺负我们，主要的原因在于中国民众的无组织状态。克服了这一缺点，就把日本侵略者置于我们数万万站起来了的人民之前，使它像一匹野牛冲入火阵，我们一声唤也要把它吓一大跳，这匹野牛就非烧死不可。"

电影《小兵张嘎》中，最经典的台词是那句连孩子们都挂在嘴边的"甭看你今天闹得欢，小心将来拉清单"，快意恩仇，童言无忌，雄安人的心性昭然敞亮。

长大的嘎子面对凌辱老百姓的伪军汉奸，像他的偶像——八路军战士老钟叔一样，勇敢地走向了敌人，"我就是你们要找的八路，跟他们没关系！"

嘎子走向敌人的脚步和背影，是雄安家乡人民的铮铮誓言，在天地间回响。

经典的文学作品，富含金属的品质，雁翎队和小兵张嘎、周铁汉、望日莲、新兵马强们一起，让雄安——这个鼓荡雄性之风的土地永载抗战史册，在后世人民心中具有了特殊的分量。

徐光耀与《小兵张嘎》

“文化大革命”中有许多优秀的老电影被禁映，而解禁的第一批电影中便有《小兵张嘎》。及至我们在农村里看到时，胶片已磨损得不像样子，前后胶片盘之间也衔接不起来，但这并不妨碍我们一伙嘎小子跟着放映队满公社乱跑，一遍又一遍地观看。台词早就背得滚瓜烂熟了，动作早就模仿得逼真不过了。深入骨髓、一生不会忘记的一句是“甭看你今天闹得欢，小心将来拉清单”；一句是“拉钩上吊，一百年不许要”。前一句代表着匡扶正义，后一句代表着诚信忠实。这都是大作家徐光耀从雄安地区千百个好孩子、机灵鬼当中撷取的水灵灵的鲜活素材。

我们相信，雄安新区未来的城市精神，必有小兵张嘎、罗金保、老钟叔、纯刚大伯的血肉精魂。我们要说，《小兵张嘎》是特殊历史时期的少年儿童最富足的人生养料和励志名篇。

生活在 20 世纪六七十年代的伙伴们，如若没有《小兵张嘎》的陪伴，将会生活于一个多么清冷的年代！生擒胖翻译，藏枪老鸹窝，老钟叔造木头枪，小嘎子与胖墩儿拉钩摔跤，枣刺儿扎破车后胎，十响一个麻雷子……《小兵张嘎》给了生活在艰难岁月的一代少年多么宝贵的慰藉和温暖。

特别是看着《小兵张嘎》长大的一代少年，诚信勇敢，足智多谋，心地善良，人格健康。从这个意义上说，小兵张嘎，是当代中国一代少年儿童真正意义上的心灵教科书。

当然，提到《小兵张嘎》，不能不提到雄安人民的优秀儿子、《小兵张嘎》之父、雄安地区当代重要的文化代言人——徐光耀。

徐光耀，雄县段岗村人。除了《小兵张嘎》，我们必须要提到他的成名作《平原烈火》。

作为表现雄安人民不畏强暴、英勇战斗、敢于牺牲、壮怀激烈的英雄画卷，《平原烈火》与《小兵张嘎》称得上是雄安文学的双子星。《平原烈火》是描写抗日战争时期华北平原上八路军反“扫荡”事迹的。记得当时真的为小说中的人物在战争中的命运担忧，特别是看到日寇对八路军进行“铁壁合围”“扫荡”等章节的时候，心里便产生一种非常强烈的焦虑感，常常感到这些篇幅很长，恨不得赶快把这些章节翻过去，希望尽快看到反“扫荡”后小说中描写的那些主人公的命运。至于《平原烈火》中主人公周铁汉受伤后刮骨疗伤的画面；被捕后备受酷刑折磨的场景；激动人心的越狱行动；端炮楼、除汉奸、策反敌特的紧张故事，更彰显出这位雄安老作家来自家乡土地和人民情怀深处的那种无以复加的英雄情结。

爱因斯坦说，世界上物质是虚无的，只有思想是永存的。

徐光耀是一个有巨大的思想能量、有精气神的作家。这里说的“精气神”大约包括两个方面：一是历尽坎坷而矢志不移；一是饱经磨难仍达观睿智，头角峥嵘。前者，指的是他的理想与信念；

徐光耀（右）与战友合影

八路军战士徐光耀

后者，指的是他的创作个性和艺术感觉。给人印象更为深刻的是，在经历了苦难之后，徐光耀的创作可谓“庾信文章老更成”，幽默而苍凉的悲喜剧风格，表现了站在更高处观照社会与人生的性格深度。

读徐光耀的晚年作品——长篇纪实文学《滚在刺刀尖上的日子》，让每一位热爱文学艺术的读者都会意识到，你无法与过去、与历史告别，你的祖辈亲人中，有不少人和徐光耀有着同样的经历，他们是十多岁的小八路，是深入虎穴的老交通；他们有的被汉奸活埋，有的英勇牺

电影《小兵张嘎》剧照

电影《小兵张嘎》宣传海报

电影《小兵张嘎》拍摄现场

牲……

那些过早陨落的青春和生命，让我们真切地感知到：一代人与一代人的记忆，是可以衔接的。我们的血脉里，正流淌着他们的悲壮与激越；我们的心魂里，也回荡着他们的呐喊与欢歌。从某种意义上说，我们也是幸存者，正因为生长在了这样一片苦难深重的土地，才有幸承载了一种苦痛，一种记忆。

《平原烈火》图书各种版本

徐光耀的长篇纪实文学《滚在刺刀尖上的日子》《昨夜西风凋碧树》里的自我解剖多么令人警醒。读者一定能够从中感悟出正义、良知和"体完神清"对于一个经历过那么多人生风暴的作家的分量。这样的分量也让我们不断提醒自己，收敛起一己的小悲欢，扩展胸怀去凝望满世间的山高水长。

更令人唏嘘的是，获得鲁迅文学奖的《昨夜西风凋碧树》，竟引发了中国当代文学史上温暖的一幕，当年参与反右派斗争、制定政策的作家刘白羽在看过徐光耀饱蘸血泪的文字之后，以耄耋之年真诚道歉，以悔罪之忱向丁玲、陈企霞、徐光耀们脱帽赔罪。

化干戈为玉帛，这在中国当代文坛上少有的"将相和"剧目，由雄安之子徐光耀唱主角，这是历史赋予雄安人的荣光。

徐光耀部分作品

侯卓夫烈士像

“树因西风悲昨夜，枪为北斗横当年。”

徐光耀，响当当硬邦邦一顶一的燕赵之子。

当然，也是雄安新区建设中的一笔不可或缺的精神财富。《小兵张嘎》《平原烈火》和它们的作者徐光耀，必将成为雄安新区人民回望历史之际的一抹暖色。

大抬杆一扫帚炮

雁翎队其实就是共产党领导的水上游击队。它的命名人叫侯卓夫，时任中共安新县委书记，这位保定育德中学的高才生投笔从戎，尽显书生本色。他在安新县大队三区小队视察时，见队内有一个猎人班，主要的武器是用来打水禽的大型火枪——大抬杆。因为怕火药受潮，所有的大抬杆的火眼口都插有一只美丽的大雁翎毛。傍晚斜阳夕照，雁翎飘飘，五光十色，煞是好看。恰好游击队驾驶的排子船出发时总是排成“人”字形，颇像南飞的大雁。侯卓夫脱口而出：“这就是我们的雁翎队啊！”

甭看雁翎队名字很婉约，打起仗来却毫不含糊。

在抗日战争最困难的岁月里，他们首战李庄子，十来支大抬杆一齐开火，顿时击毙日军八名，自己无一伤亡。一名受重伤的日军驾驶汽艇逃回安新。日军小队长龟本闻听逃命士兵所言雁翎队的武器一扫一大片，火光烧红半边天的可怕

大抬杆

场面，连连惊呼："难道土八路使用的是扫帚炮？从没听说过土八路这种秘密武器。扫帚炮的厉害，大大的厉害！"

从此，雁翎队与扫帚炮的英名走进了中国抗战史。它与地道战、地雷战、破袭战等战斗形态一起，成为世界反法西斯战争中最具人民战争色彩的生动战例。

在长期的抗战岁月里，雁翎队的骨干队员牺牲了一茬又一茬，雁翎队的命名者、县委书记侯卓夫也在一次战斗中壮烈牺牲，英勇殉国。但他们的战斗从没有停止过。

从粉碎日军"总力战"，到打破日军"堡垒政策"；从打包运船，到全歼日伪河防队，雁翎队来无影，去无踪，神出鬼没，打得敌人心惊胆寒。在最残酷的日军对冀中"肃正作战"中，雁翎队队员被迫化整为零，他们利用芦苇作掩护（抗战时期，群众为给雁翎队保留隐蔽物，在收割芦苇时只割中间部分，留下四边），以清水煮鱼虾为食，因无油盐而难以下咽。没有烟吸，他们就把荷叶揉碎当烟叶。真是风餐露宿，饥寒交迫。但雁翎队的队歌却一直在队员们的心中回响：只要不当亡国奴，喝口淀水也舒畅，鬼子一天不消灭，决不放下手中枪！

在抗战期间，雁翎队除汉奸，端岗楼，打伏击，进行大小战斗七十余次，缴获敌军手枪四十八支，机枪三挺，炮两门；击毙日军二十五

雁翎队作战情景剧

雁翎队塑像

雁翎队使用的船只

雁翎队缴获的武器

名，俘三十名；击毙伪军二百五十名，俘五百余名。在被击毙的日军中，有日军驻安新县头目中夏太郎；被击成重伤的有日军驻安新最高指挥官龟本。

在雄安新区，有数不清的收藏爱好者，特别是一批军械收藏的藏友们大有用武之地。当年被雁翎队、游击队缴获的日军武器有一大批散落民间。

在一个民间藏友的家里，我们见到了一架军用望远镜。这位藏友为我们讲解道："这是我的镇宅之宝。这架望远镜是日本昭和十三年出产的六倍放大军用望远镜，在日军中，只有军曹以上军官才能配用。"我们问他这架望远镜的来历，他骄傲地说："这是我爷爷——当年的雁翎队队员在一次战斗中缴获的战利品，是吕正操司令亲手奖给我爷爷的。"

这位藏友于谈笑间，大有樯橹灰飞烟灭的快感。

我们知道，这是当年手拿鸟枪土炮同装备精良的日本侵略者殊死搏斗的雁翎队英雄主义与浪漫主义的精神遗传。在他们的藏品中，相信一定会有当年的大抬杆—扫帚炮。

培训基地
爱国主义教育基地
可口可乐
Coca-Cola

翎队纪念馆
爱国主义教育基地
革命传统教育基地
华北电力大学
实践教学基地
河北农业大学
国防教育基地
弘扬革命传统

白洋淀雁翎队纪念馆

壮之阔：崇文尚武有遗风

在雄安新区采访，发现一个有趣的现象。

不管哪个村镇，无论哪个县城，崇文尚武的人物和故事仿佛都选好了自己的阵地。你这个村里出了个将军，我们村里就出个文人；你们县里有武术名家，俺们县里就来个民间花会；你家里有武术馆，我家里就有戏班子。

雄安新区，真称得上允文允武，且歌且行……

“京油子，卫嘴子，保定府的钩腿子。”“十个钩腿子，比不上一个白洋淀的‘水鬼子’。”

钩腿子与“水鬼子”，实则是讲述了雄安人的尚武雄强、义字当先、精神强健、无所畏惧、敢于争先的性格、品德。

正是这“敢于争先”的精神，使得白洋淀区域走出了不少沙场名将、文苑名家。

同口镇走出了民国一级上将陈调元，也走出了河北梆子名家王玉磬。

王玉磬金声玉振的演唱艺术把河北梆子提高到了一个崭新的高度。恰巧，王玉磬最擅长的剧目就是雄安一带妇孺皆知的悲喜剧《辕门斩子》。

许是从小耳濡目染的缘故，王玉磬把杨六郎的形象演绎得活灵活现，真是不枉杨六郎当年大战三关口。

允文允武

陈调元像

在古镇同口，陈调元的故事就是雄安人崇文尚武的典型。

陈调元，保定军校早期毕业生，这位绰号“陈傻子”的福将，看起来面相忠厚，却一生奇崛，计谋超群。

1923年，一股悍匪袭击了津浦铁路上的国际列车，包括美、英、法、奥等国军事顾问在内的国际人士均被土匪掳上匪巢，土匪开出了天价赎金，一时成为国际事件。当时的北京政府束手无策，正在徐州镇守使任上的陈调元自告奋勇，孤身入虎穴，与匪首孙美瑶谈判。他使出浑身解数，与土匪用黑话交流，施展出了在保定军校学到的军事技能，震慑了悍匪，使事件得以圆满解决。土匪不仅释放了人质，还跟随陈调元下山接受改编，一时间，陈调元风头无两，“保定军校的黄天霸”称誉一时。

陈调元凭借在保定军校学到的军事知识与资历，被唐生智、何应钦、白崇禧等呼作老师。

在老家同口古镇，有一片青堂瓦舍的古相民居，这是陈调元在家乡安新建造的公馆。这片气势不凡的北方民居，据说房间数达到了九十九间，在当时是颇为费工费时的大工程，而这个公馆盖成后，陈调元一次也没有回来居住过。村民们普遍认可的一个说法是，陈调元盖这片大房子，为的就是让家乡的乡亲们有挣钱的活计，并不考虑房子的实用性问题。特别是当年安新县一带，女人们都以织席编篓为业，为陈调元的公馆织苇箔编席子的姑娘媳妇们都狠狠地挣了一笔，据说两张苇席就可挣到一块大洋。

老一辈的乡亲们都知道，陈调元幼时家境贫寒，他上保定军校的开销都是母亲和妹妹用双手编织苇席换回来的，陈调元这是在用一种特殊的方式回报家乡。

据史料记载，陈调元的家乡经常水患成灾，陈调元多次解囊相救，拨款救灾。有一年，他用船运回的高粱米让同村的乡亲们吃了一个冬天。

“我的家在白洋淀。我的魂在白洋淀的清水里，在白洋淀的芦苇荡里。”王玉磬如是说。

王玉磬虽然体瘦身矮，扮出戏来却格外大器挑台。尤其是她的嗓音异常洪亮，中气饱满，演唱时一连四五十句的唱段也能一气呵成，从容自若；一句拉腔可以延续十几小节，起伏跌宕，令人荡气回肠。她的唱功之所以能够达到炉火纯青之境，在于她尝试了科学的发声方法，用气息控制声音的强弱、高低、虚实、收放，在行腔时自然巧妙地处理好欲擒故纵、欲扬先抑的辩证关系，达到随心所欲的程度。

艺术的生命在于不断出新，王玉磬对此深有领悟。她小时候参加的是梆子、皮黄“两下锅”的戏班，得到过孙行甫等京剧老艺人的教益，并曾在京剧《狸猫换太子》《下江南》等剧目里扮演过角色。这些艺术经历在她后来排演《苏武牧羊》《五彩轿》《赵氏孤儿》等梆子新戏时，对其身形表演、唱腔设计均提供了可资师法、借鉴的有利条件。一些名段如今成了广为传唱的经典之作。

在几十年的演出实践中，王玉磬积累了丰富的表演经验，尤其擅长《辕门斩子》《太白醉写》之类以唱功取胜的老生剧目。她的戏路和声腔私淑前辈女艺人小香水，但不局限在形仿身效上，而是以小香水的艺术特色为基础，把何达子的阳刚奔放、苍劲挺拔，元元红的委婉俏丽、清新醇正，银达子的中音宽厚、落音瓷实等各派优长兼收并蓄，逐渐形成刚柔相济的独特演唱风格，成为近几十年来各地河北梆子舞台上继小香水、云笑天之后最有影响的女性老生演员之一。

20 世纪 90 年代，已经进入花甲之年的王玉磬不顾身体的积劳，依然活跃在京、津、冀的舞台上。作为剧院的领衔主演，每次演出她的戏几乎都是压轴。每年冬季，是河北梆子团体下乡演出的旺季，王玉磬不顾天寒地冻，跟年轻人一起把一出出拿手剧目送到老乡跟前。

1990 年 9 月，安新县礼堂建成，家乡的父老乡亲要看王玉磬的戏。王玉磬听说后，当即答应下来。连续四天，王玉磬把《辕门斩子》《赵氏孤儿》《苏武牧羊》《太白醉写》等拿手戏都演了一遍，《辕门斩子》还加了日场。尤其演《太白醉写》的当天，后台及当地县领导、老乡们得知王玉磬的腿疾复发后，做工作劝其休息。王玉磬执意不肯，她说：“作为白洋淀人，回到家乡演戏，那叫亲情，我只要还有一口气在，绝不回戏。”这是多么高尚的艺德，多么浓厚的家乡情结呀！

王玉磬剧照

距离安新县城十几华里的这个村子名叫端村。它的尚武之风来自“王氏一门六将军”的传奇故事。

故事说的是，这个村子里竟先后有一家六人都从保定军校毕业，并全部成为将军。

1905 年，村里王姓人家的兄弟五人王余庆、王凯庆、王麟庆、王桐庆、王都庆，同时考入保定北洋陆军速成武备学堂第二期。兄弟五人同堂同窗，一时成为佳话。在学校及安新县周边，被称为“王氏五庆”。

王氏兄弟被分别编派在步兵、炮兵、骑兵三个不同的科班。他们谨遵家训，在大哥王余庆的带领和管束下，简朴地生活，刻苦地学习，最后都以优异的成绩通过了毕业考试。

进入行伍后，兄弟五人各自图强，均有造就，最后，都被授予了将军军衔。

王余庆，1918 年被民国政府授予陆军中将；王凯庆，1916 年 5 月被民国政府授予陆军少将；王桐庆，1912 年 2 月被民国政府授予陆军少将；王麟庆，1918 年被民国政府授予陆军少将；王都庆，1914 年被民国政府授予陆军中将。五个哥哥五虎将军，小六兄弟也不甘示弱。王氏六弟王藩庆考上保定陆军军官学校第九期步兵科，1933 年被国民政府授予少将军衔。

王氏一门六将军，成为雄安地区英雄之地最生动的注解。

“上阵亲兄弟，打仗父子兵”是雄安人亘古不变的英雄情结。

穿军装，扛洋枪；耍鹰犬，闹丝弦。雄安人尚武，雄安人更崇尚文化。

与端村毗邻，有一个村子，就是号称“戏曲之乡”的安新县马村。马村这个淀畔破败穷困的水庄子，晚清民初年间居然出了个戏班“昆弋社”，演唱的曲目居然是王公贵胄们欣赏不已的宫廷戏——昆曲。后世的戏曲史学家把殿堂华屋之上的昆曲叫作“南昆”；而把以安新县马村艺人为代表演唱的昆曲叫作“北昆”，也叫作“草昆”。马村的戏班原叫“子弟会”。白永宽，安新县马村“子弟会”掌班师傅，当年曾凭几出北方昆曲享誉京城。

光绪的父亲醇王奕譞最爱听白永宽、白建桥演唱的草昆，那是一改江南昆曲吴侬软语、“三小”（小生、小旦、小花脸）风格而推崇表演风格黄钟大吕的北方京昆大戏。代表剧目是《单刀会》《林冲夜奔》。尤其是白永宽的《单刀会》，多年来长演不衰，关汉卿笔下的千古名句，用白洋淀畔沾有水音儿嘎调的安新“草昆”唱来，云烟缭绕，不绝如缕——

大江东去浪千叠，
趁西风驾着这小舟一叶。
才离了九重龙凤阙，
早来探千丈虎狼穴。
大丈夫心烈！
觑着那单刀会赛村舍。
……
只这鏖兵江水犹然热。
好叫俺心惨切！
（周仓白）：好水呀，好水！
（关公唱）：这不是水，
这是那二十年流不尽的英雄血！

后来，安新县马村的“草昆”戏班与周边高阳县的草昆艺人们组成了北方昆曲第一大班，名字叫作“庆长昆弋社”，也叫“老草台戏班”。班主联系了高阳籍昆曲艺人韩世昌进京在天乐戏园子演出。

北京戏曲界精忠庙内一干戏班，不许草昆艺人登台，问他们的戏班供奉的是哪位大师哥、老郎神。白建桥说，我们供奉的老郎神有胡须，你们精忠庙供奉的大师哥没胡须，咱们是一个祖师，两样儿的传授。一语言中，精忠庙供奉的老郎神真的没胡须。无奈，他们只得让安新草昆艺人登台献艺。这一登台不要紧，连续卖了四十多天的满园！

后来的中国北方昆曲剧院，艺术班底由安新县马村和邻县高阳的草昆艺人整个承包。“活林冲”白永宽、“活周仓”白玉珍、“昆曲大王”韩世昌等一代名伶名满天下。

当年的马村“子弟会”戏台上，书写着这样的对联：

一村子弟同欢乐，生不生，旦不旦，想唱就唱

四方亲友休笑话，来就来，去就去，爱听不听

白洋淀的“水鬼子”

“京油子，卫嘴子，保定府的狗腿子。”这是流行在京津保一带的人们常挂在嘴边的民间俗语。也许你曾经在很多聚会的场合，在一个再平常不过的饭局上，在网络上，听过、说过“保定府的狗腿子”，但只要有一个保定人在场，他一

韩世昌（左）与梅兰芳一起排练

保定“钩腿子”

定会正言厉色地纠正你的发音：“不是保定府的狗腿子，而是保定府的‘钩腿子’。十个保定府的钩腿子，还比不上一个白洋淀的‘水鬼子’呢！”

狗腿子，钩腿子，一字之差，其义旨大谬矣。

“狗腿子”不必细究它语义里的贬义和嘲讽，也知道在说保定人帮凶多，汉奸多，人格有问题。“钩腿子”则代表一种行侠仗义、崇尚武德的武术文化，可以说是天壤之别。

白洋淀人自然也是保定府人，不然，不会听闻“狗腿子”一词，就像吃了苍蝇喝了醋一般。

其实，在许多年里，白洋淀的“水鬼子”担负着为保定府的“狗腿子”正名的历史责任。仅武术一项，白洋淀的“水鬼子”们便创设、传承了不下几十路（套）长拳短打器械跤术。举凡八趟掩手，安新舞狮，安新飞叉、火叉，丁字门六合长拳，功夫跤（京跤跤术），两翼通背拳，太极梅花螳螂拳，鹰爪翻子拳，岳氏散手，等等，百里风行。

陈子正

单说一个雄县鹰爪翻子拳的创建者——武术大师陈子正，自幼武功超群，跟随舅父刘成有练武。十年辛苦不寻常，儿时即在家乡一次擒获三名贼人，小有名气。

1919 年，陈子正应聘到上海精武体育总会任教，后任副会长。

这期间，他吸收八闪翻、岳氏散手以及其他门派拳类精华，整理出了五十路鹰爪翻子拳。此拳既有少林武功“快捷刚健”的特点，又有鹰爪功法中“刁抓擒拿”的特点。一次，陈子正在香港传艺，遇上号称“天下无敌”的德国大力士艾

陈子正故居

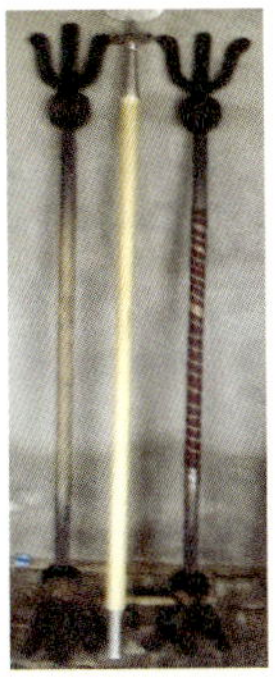

火叉

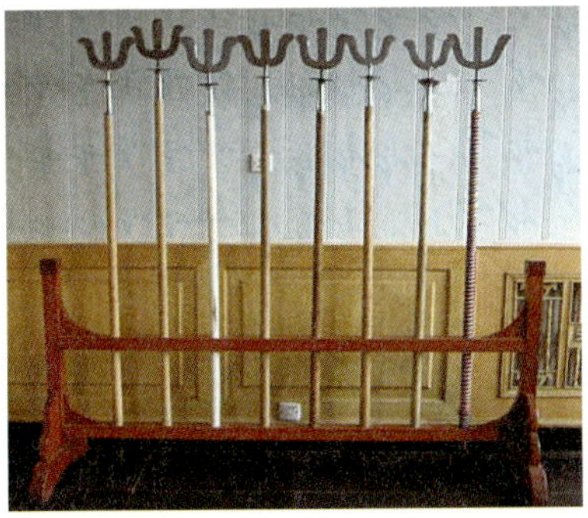

飞叉

安新飞叉表演：前踢

安新飞叉表演：后踢

安新飞叉表演：怀中抱月

火叉表演

穆成宽指导孩子们训练

茨坦尔在港摆下擂场，接连打伤了几名中国武师。陈子正经过精心准备，上擂比武。几个回合下来，陈子正均轻松获胜。艾茨坦尔恼羞成怒，趁机偷袭陈子正，陈子正使出绝招，快、翻、连、变、抓，当场打得艾茨坦尔七窍流血，气绝身亡。从此“鹰爪王”之名享誉全国，驰名东南亚。

鹰爪翻子拳第二代嫡传拳师陈国正，也留下了在抗战年间手劈鬼子兵的壮举。

而安新县的武术派别居然还有一门“绳会”，再现了《西游记》中美猴王大闹天宫后，玉帝敕令寿星老儿领二郎神等天兵天将捉拿妖猴的场面。在寿星老儿传令“撒开天罗地网捉拿妖猴”时，绚丽多彩的跳绳场面展现在观众面前。有长绳、短绳，有粗绳、细绳，分单跳、双跳、混合跳。全会人物俱着彩装。杨戬画金脸持三尖两刃刀与拿金箍棒的孙悟空杀得难解难分，场面之繁复，技艺之娴熟，令人叹为观止。

白洋淀“水鬼子”们的武术绝活儿还有安新火叉会。一杆火叉被耍叉人耍得盘旋飞舞，极为壮观。飞叉大王郑怀贤曾于1936年参加了在德国柏林举行的奥运会，表演叉技。

新中国成立后，白洋淀的“水鬼子”们更多地把自己的独门功夫用在全民健身的运动项目上。

国家游泳队教练刘海涛

1995年王恋英获得军事五项世界冠军

在中国游泳界，素有“南有东莞，北有安新”之说。“游泳之乡”的美名，便是给白洋淀“水鬼子”的新称号。

1965年，中国“当代游泳之父”穆成宽亲赴白洋淀，组织成立游泳学校。几十年来，从白洋淀走出的游泳选手遍及全国，人才辈出，为中国的体育事业做出了突出贡献，其中就有我国著名优秀教练员刘海涛。刘海涛在运动员时期曾多次获全国冠军，担任专业队教练以来培养出了以焦刘洋为代表的多名奥运冠军和世界冠军。此外，从游泳项目转入军事五项运动项目的王恋英，共夺得五次个人世界冠军、五次团体世界冠军，十四次打破世界纪录，被誉为“世界第一女兵”。

现在的网络世界上，打开“保定府的钩腿子”链接，一大批为“保定府的钩腿子”正名的行侠仗义之士把持“保定府的狗腿子”之议的门派打得落花流水。他们最新为“保定府的钩腿子”搜罗的江湖段子是：十个京油子，斗不过一个卫嘴子；十个卫嘴子，斗不过一个保定府的钩腿子；十个钩腿子，斗不过一个白洋淀的“水鬼子”！

看，保定府的钩腿子，白洋淀的“水鬼子”，横竖都是白洋淀人占上风。

为钩腿子正名，实际是雄安人、白洋淀人在捍卫自己行侠仗义的刚烈性格，弘扬雄安地区人们亘古不变的大义名节。

舞动的火叉

庙会上的高跷表演

节日舞龙灯

壮之遒：浩然正气冲霄汉

1955年9月，人民解放军大授衔。老红军旷伏兆和老八路刘秉彦分别被授予中将和少将军衔。

他们相约死后埋葬在大清河畔，生前为老百姓打江山，死后为老百姓守平安！不愧革命英雄主义与革命浪漫主义的完美结合。

抗战名将孙连仲的故事在雄安新区妇孺皆知。

孙连仲，雄县龙湾村人，国民革命军二级陆军上将，台儿庄战役主要指挥官之一，时任第二集团军总司令。

而在人民解放军的钢铁洪流里，曾有一支番号为第一野战军第一军第一师第一团的部队，号称“天下第一团”。这支部队，流着雄安老区人民身上的血。它的首位主官，就是雄州抗战传奇人物高士一——雄安人民心中的大英雄。

将军之恋

刘秉彦、旷伏兆，抗日战争时期最艰苦的地域，即现如今的雄安地区大清河、永定河、白沟河三角地带的冀中十分区司令员、政治委员。

他们身经百战，出生入死，存亡惯见浑无泪。在一次激烈的战斗之后，和他们同生死共患难的好战友、十分区作战股长、平南支队参谋长任子木受了重伤，无药可医，只能忍着剧痛和他们在一条土炕上抵足而眠。年轻的参谋长任子木夜间没有叫一声痛，没有吭一声。第二天黎明，当司令员、政委叫小参谋长起床时，才发现这个年轻的躯体已经浑身冰凉，如木头一般直挺挺地躺在土坑上了。

那一年，刘秉彦三十一岁，旷伏兆三十三岁，而牺牲的任子木刚满二十九岁。

望着二十九岁的烈士被绑在简陋的门板上下葬，刘秉彦和旷伏兆悲痛欲绝。

刘秉彦说，我们当着烈士的面，起个死誓吧：我们两个死了，一个埋在大清河岸，一个埋在永定河岸，仍然为三角地带的人民站岗！

旷伏兆说，那我们离得太远啦，这样，我们如果在战斗中牺牲了，就同指战员们埋在一起，连棺材也不要，清风明月共一丘，生死同穴，随时准备这样做；我们死后一定要埋在曾经战斗过的大清河三角地带！

刘秉彦生前回忆起那场生死之约，曾经做过这样惊心动魄的描述：那时八路军战士如遭不幸，都愿意被一枪打在自己的“十环”（指心脏）上，免得活受罪，或拖累战友。

刘秉彦是一位文武双全的八路军著名战将。日军“五一大扫荡”时，他指挥部队全歼日寇所谓的“剔抉队”，生俘日军中队长伊豆文雄。伊豆文雄不服，审讯中还跳起来咬了刘司令一口。但刘司令非但没惩罚这位日军骁将，还把他送到后方，接受反战教育。后来伊豆文雄成了日本反战同盟的积极分子，新中国成立后还与刘将军经常来往。

1955 年 9 月，人民解放军大授衔。

老红军旷伏兆和老八路刘秉彦分别被授予中将、少将军衔。披着金光闪闪的将星，这对当年冀中十分区的政委与司令员喝了一次庆功酒。他们把一杯烈酒洒在地上。洒酒祭雄杰，红潮涌于心。他们再一次想起了当年战争年代的誓言：不管是战死，还是老病而死，死后相约埋葬在大清河畔，生前为老百姓打江山，死后为老百姓守平安！不愧革命英雄主义与革命浪漫主义的完美结合。他们真的是有信仰的一代英雄。

1996 年，旷伏兆将军逝世。

1998 年，刘秉彦将军逝世。

他们早在 1985 年为雄县米家务烈士陵园揭幕时，即为自己选择了这一当年他们时常落脚的“一溜米”作为他们的百年之地：米南庄、米北庄、米家务、米黄庄、米宁庄，那是他们心中永远的堡垒户啊！

开国中将旷伏兆和开国少将刘秉彦，就这样

伏击敌人

端炮楼

米家务烈士陵园

把自己的灵骨葬在了雄县米家务，隔着不过二十米的距离，两位老将军永远地活在了自己青春激荡的岁月里。

无独有偶，安新县同口古镇走出来的老革命陈鹏，作为当地抗日根据地的创建者之一，也留下遗言，把自己的骨灰洒在烟波浩渺的白洋淀。那是他和战友们曾经战斗的地方，是他们，一代红色精英践行自己信仰的热土。在他们的眼中，白洋淀，不是一泓普通的清水，而是被鲜血和汗水蒸馏了的忠勇与无私，是流淌在雄安人血液里的对真理的信仰与忠诚。

有意味的是，刘秉彦将军还是一位诗情荡漾的诗人。他的诗篇在晚年仍时露峥嵘，掷地有声。请读他退休后所作的诗句：

老骥奔驰久，壮心日渐收。
已非千里马，愿做卧槽牛。

刘秉彦逝世后，有人作词以赞：

本是莘莘学子，弱冠投笔从戎。永定河畔歼倭寇，大苇塘里伏奇兵，敌后显威风。

打破合围铁壁，生擒伊豆文雄。八年征战忘生死，枪林弹雨任纵横，青史永留名。

著名诗人刘章也写下了送别诗：

七月刘公又远行，提枪披甲云西征。
吟龙啸虎风云会，定有新诗赠马翁。

在雄安地区安新县大树刘庄，刘秉彦曾经指挥过一场惊天动地的残酷战斗。

这里是当年冀中军区坚实的根据地。村里有一位目不识丁的村妇，她家穷困至极，所有的财产就是一树红枣，在红枣成熟的时候，她找到八路军武委会说："我家没别的，打日本鬼子，把我家的红枣都'动员'（捐献）了吧！"几十年后，当年的八路军冀中军区司令员吕正操提起此情此景，依然老泪纵横。

面对这样的人民和土地，活着战斗在这里，死后埋葬在这里，这是多么壮烈的生死轮回！

太和殿受降

在雄安新区，抗战名将孙连仲的故事妇孺皆知。

八路军官兵合影

旷伏兆、刘秉彦百年纪念活动

孙连仲，雄县龙湾村人，国民革命军二级陆军上将，台儿庄战役主要指挥官之一，时任第二集团军总司令。孙连仲在台儿庄战役最艰苦的时候组织了一支敢死队，他训话说："人在阵地在。士兵打完了，你们当师长旅长的填上去；你们填过了，我就填进去。凡言后退者，杀无赦。"

台儿庄，那是中国军人一洗耻辱的焦土，是中国人以血洗血的一方圣地。在这片被中国军人和平民血肉筑起的阵地上，孙连仲，一个来自雄安地区的老军人，在中国抗战史上写下了属于自己的光辉一页。

孙连仲像

孙连仲，原名席儒，投军后嫌名字软弱，改名仿鲁，从此戎马一生，作战勇敢，有口皆碑。

在军中，孙连仲的皮带总是比别人宽一号，系得牢靠结实，他的军容严整，不怒自威。一个台儿庄战役下来，孙连仲的第二集团军两万余人，伤亡达一万四千余人，占全军员额的十分之七。最艰苦的时候，孙连仲神情凄惶地给战区司令长官李宗仁打电话，请求给第二集团军留下一点儿种子。

李宗仁严词拒绝："仿鲁兄，如若退却，军法从事，杀无赦！"

孙连仲立即表示："决不后退，直到整个集团军打光为止！"

孙连仲的第二集团军以善于防守闻名，属于敢打硬仗的部队。在日军初期进攻华北的太原会战中，孙连仲的第二集团军就在娘子关重创日军，歼敌五千余人。但台儿庄一战，直杀得天地变色，血流成河，久临战阵的孙连仲也为之惕心骇目。

须知，孙连仲面对的是日军侵华主力部队矶谷廉介和板垣征四郎的虎狼之师。

战役初期，日军飞机狂轰滥炸，还不时投下传单，诱惑孙连仲手下的士兵放弃抵抗，不要去无谓地送死。孙连仲连连呼喊：这个仗打得窝囊！手下人说，人家在天上，咱们没办法打他们。孙连仲计上心来，说："没法儿？天上打不着它，那咱们就在地上打它！"在孙连仲的建议下，第五战区连夜侦知日军飞机场在大汶口一带，孙连仲即刻派人捣毁了日军飞机场，为中国军队的胜利赢得了先机。

享誉海峡两岸的战争大片《血战台儿庄》中，日军旅团长濑谷在电话中向师团长报告："台儿庄已被我大日本皇军占领，请听士兵们的欢呼！"而台儿庄城内，将士们固守一隅，死命抵抗。

台儿庄战役

两强相逢勇者胜，孙连仲笑到了最后。

抗战胜利后，1945 年 10 月 10 日，孙连仲以第十一战区司令长官兼河北省政府主席的身份，主持在故宫太和殿举行的日军华北方面军受降仪式。

这是中国军人的光荣，这个光荣属于不屈的华北人民，属于中国，属于整个中华民族。上将军孙连仲，让古老的皇宫雄风浩荡。日军华北方面军司令官根本博如丧家之犬，呈上降书和军刀。殿外无数中国人在欢呼、跳跃。

孙连仲，此时此刻，一定想起了台儿庄城下那些战死的雄州子弟兵。

孙连仲御外侮壮怀激烈，但对家乡故里却一往情深。

接受日军投降后，他抽空回了一次雄县老家。离村几里，孙连仲轻车简从徒步而行，一位衣衫褴褛的老人在路边观望，孙连仲见他孤苦，相赠大洋五圆。

回到家，他计划建设一个大型纺纱厂，让全村的乡亲都有钱挣；他思谋着建立一所以他名字命名的“仿鲁中学”，让全村的孩子们都有学上……

晚年，在台湾，孙连仲思乡情切，他和故人、台儿庄大战并肩战斗的马法五将军（雄安周边高阳籍人）一同开了一家豆腐坊，清白的豆腐唤起的可是雄州故里的乡风音容？

“天下第一团”

高士一，1895 年出生，家在白洋淀东百草洼的大苟各庄。

村外洼塘密布，苇滩纵横，乃是鱼米之乡。

高士一家本来为当地的首富，自己也曾任国民党政府河北省河务委员，他吃穿不愁，性格豪侠，为了保家护院，他练就了一手好枪法，成立了一支家丁护卫班。

七七事变后，国民党五十三军一触即溃，望风而逃。高士一却拉起了一支抗日武装公开与日本侵略者进行顽强斗争。在雄县历史上有名的娘娘宫战斗中，高士一率领几千名父老乡亲，把鬼子小林中队包围于汪洋大淀。高士一身先士卒，击毙了鬼子的两名重机枪手。此役几乎全歼了鬼子小林中队，打响了雄、容、安一带民众抗日的第一枪。

共产党人很快发现了高士一高超的军事才能和组织能力，先后派得力干部深入高部，改编部队，扩军筹款。

高士一顺应历史潮流，听从共产党领导，其指挥的部队先后被改编为人民自卫军第五路、冀中军区第四支队、八路军一二〇师独立旅。在民族抗战的历史洪流中，这支部队打了许多硬仗、恶仗、漂亮仗。

高士一毁家纾难，高家子弟几十口人参加八路军，绝大多数为国捐躯。其中最令人扼腕的是高士一的侄子高万玉。日伪为了诱降高士一，抓走了他最喜欢的侄子高万玉和高万德做人质，逼迫高士一放下武器向日本人投降。高士一当着劝降人的面撕碎了日伪军的劝降信，并破口大骂日伪军灭绝人性，表示自己誓死不降。日伪军残酷地杀害了高万玉。

如今，在白洋淀畔百草洼的高家场旧址附近，有一片隆起的坟墓。这是高士一家族墓地。在这里长眠着高士一的优秀子弟高万玉、高万亭、高万峰、高鸿忠等，他们都是为中国人民抗日战争献出青春和热血的有为青年。

高士一的部队越打越强，鄚州伏击战，黑马、张庄包围战，直至震惊中外的河间齐会战斗，高士一部跟随贺龙将军歼灭日军王牌吉田大队七百余人，打出了雄州子弟兵的威风。

雄安地区的人民永远不会忘记高士一大胡子、高身板、站在八仙桌子上向故乡人民宣传抗日救国真理的形象。雄安抗战史，永远不会忘记在根据地最困难的时候，高士一捐出的五千大洋。

这支英雄的雄州子弟兵，后来成为全军闻名的“天下第一团”，涌现出了“硬骨头六连”这样的王者之师、大功连队。

建连以来，六连先后参加大小战斗一百六十一次，从未吃过败仗。1964 年、1985 年分别被国防部和中央军委授予“硬骨头六连”“英雄硬六连”等荣誉称号，是全军唯一两次被授予这样高级别荣誉称号的连队。

百战百胜的战史、弥足珍贵的荣誉，让六连官兵始终铭记：杀敌本领强，才能打胜仗。

“硬骨头六连”的战史展览馆内，连史上清清楚楚地记载着：1939 年 3 月，八路军一二〇师在河北省雄县，以十四名红军战士为骨干，组建独立第三支队七团六连，光荣的六连从此诞生；1940 年 12 月，合编为一二〇师三五八旅八团六连；1946 年 11 月，改编为西北野战军第一纵队三五八旅八团六连；1949 年 2 月，整编为中国人民解放军第一军第一师第一团六连。

“硬骨头六连”的营房外有巨石一块，刻着一个硕大无朋的字——“硬”。

这股硬骨头之气，这股猎猎雄风，来自白洋淀畔的雄州，现在叫“雄安新区”……

淀边初雪

雄安夜景

后记

接下《壮哉雄安》这本书的写作任务，我们先后三次前往雄安新区采访、考察，寻找灵感。

我们在安新县文化馆见到了一块断裂的残碑，上书“古秋风台”四个大字。传说，这块古碑原先就矗立在古义士荆轲担负刺秦大任，束装就道与燕太子丹分别之处，即现在的白洋淀畔。那时，白洋淀有一个古雅的名字：祖泽。

沿着白洋淀大堤踏访新区时，同行的文友告诉我们，脚下就是闻名遐迩的燕长城故址。开坛酒，末刀肉，韵味无穷。真的，我们的采访、写作一开始就寻找到了一种雄壮的机缘，一种以壮形色的开篇布局。

《壮哉雄安》未开笔，我们就先触摸到了雄安人坚硬的骨头。

在著名的雄县米家务烈士陵园，我们多年的文友，曾任过乡团委书记的冯双巧大姐带领我们参观。她说，我敢这样说，米家务烈士陵园是最接地气的烈士陵园，因为，这是当年我们雄县共青团员和广大青年捐钱、出义务工修建的。崇尚英雄，这是渗透到雄安人民骨子里的基因。而今，开国将军旷伏兆和刘秉彦又先后安葬于此，践行着他们“生前为老百姓打江山，死后为老百姓守平安”的生死之约。

雄安风骨，在勋章和纪念碑中间铮铮作响。

在雄安新区的普通家庭里，我们不止一次见到了白洋淀渔家女织席常用的工具——“缲席刀子”。纯铁打造，有着冰冷的光泽。在几十年前抗日战争的血雨腥风里，缲席刀子不仅是姐妹们维持生计的生产工具，更是她们用来防身自卫的武器。在《白洋淀志》记载的不胜枚举的抗战“血案”“惨案”里，缲席刀子成为白洋淀女儿抗暴自尽最顺手、最令人感喟、最让敌寇胆寒的冷兵器。

在雁翎队纪念馆里，闻名中外的“大抬杆”，虽历经岁月淘洗，锈迹斑斑，依旧威风凛凛。枪声远去，记忆永存。

在雄安新区的日日夜夜，我们深切地感受到了雄安历史文化《大风歌》般的不朽绝唱——那是雄安人民创造新生活的壮志豪情，是红色雄安仁人志士在时代风云里的激昂呐喊，是新时期雄安新区人文精神淬火加钢的流光溢彩……

我们的车子驶过了雄县、容城、安新的几十个村子。雄安新区宣布设立，大有“我命东君攒星辰，撷取银汉三百斗”的气魄与豪情。那白洋淀畔的几百个村庄，多像是银河天际里灿灿灼灼的星子啊！

“魅力雄安丛书”也许就是我们几位素心文士，在白洋淀里采撷下来的几捧鲜荷与菱角，奉献给读者的一餐渔家美食吧！

安新县韩堡村的老渔民，向我们演示了渔叉捕鱼的技巧和搬罾下网的艺术。他说，三年后，五年后，十年后，我们的后代不知道是否还能记得这些白洋淀人们赖以生存的技艺。

我们回答不了他。

但我们相信，时代，这个沸腾的时代，这个实现中华民族伟大复兴的时代，雄安新区的中国梦将会一步步变成现实；时间会证明一切，也会回答一切……

我们苦心巴力赶写的这几本册子，只是在雄安新区谋划的宏图上，插上文化的旗子，向古老而新鲜的雄安新区打出的温柔的旗语：你好，雄安新区！

雄安，壮哉；壮哉，雄安！

编后语

由河北大学出版社策划并与河北大学雄安传统文化研究中心、保定市文化广电新闻出版局联合推出的“魅力雄安丛书”终于面世了。

河北雄安新区的设立，吸引了中国乃至世界的目光。

巨大的历史机缘，缩短了历史与现实的距离，再一次将我们拉回到对于这片有着悠久历史、充满了人文传统、承载着文化传承的古老土地的关注与探寻。

史载，禹分九州，“冀”为其首。历史上，“燕赵”始终是河北的典型符号。然而，赵南燕北，燕与赵在历史文化上既有着无法割裂的贯通之同，也有着文脉承袭的迥异之别，其中，雄安所处则向为幽燕文化的核心区域，具有典型的燕文化特质。

其一，雄安文化的源头是“幽燕文化”。雄安地区在历史上的不同时期曾属燕国、幽州，故史称“幽燕”，历代诗文中，多以“幽燕”特指。雄安地区的文化，用“幽燕文化”来定义，应是较为准确的选项。自“荆轲刺秦”起，每当中华文明、中华民族面临生死抉择时，最先被唱响的往往是一曲激扬民族精神的令人荡气回肠的《易水歌》，它就像人体的免疫细胞一样，唤醒着国家与民族的自愈能力。

其二，雄安地域一直是汉民族与北方各民族接触的前沿区域，有着多民族融合的文化印迹。至迟自燕弃侯称王时起，便以修建长城的方式来“隔疏”与北方各民族的接触；五代、辽、宋时期的边界直接推移到了今容城、雄县一带，汉民族与北方各民族的文化界限，从此变为以“地下长城”——宋辽古战道为象征物。象征物的变化，标志着民族接触的加强与融合的加快。雄安地区也因此成了“杨家将”“萧太后”等民族文化记忆的核心；随着全国政治中心的北移，明、清成为中国历史上北方地区汉文化与各民族文化大碰撞、大融合的又一重要时期，雄安地区无疑是这一深刻变革的亲历者和见证者。民族文化的接触、碰撞、融合，是优秀文化基因的相互吸收，是有着更强生命力的中国北方文化直至中华文化的塑造与熔铸。

其三，宋辽文化是雄安地区文化的重要内容。雄安地处宋辽交界处，是北方民族交流的重要区域。两国的百年和平，形成中国历史上新的南北朝。当时，两国交密，欧阳修、苏辙、沈括等都曾作为使臣出使辽国。他们通常从白沟出发，经涿州、北京、承德、平泉，最终抵达赤峰。这条线路的打通，标志着丝绸之路和茶马古道向中国北方内陆直到东北亚地区的大规模延伸。历史上，契丹民族正是通过将幽燕地域农业人口迁徙至其腹地，奠定了东北文化的根基，这在世界移民史上实属独特、罕见。

其四，历史文脉是因有效的、不间断的继承所形成的文化发展脉络。就雄安地域来说，历史文脉主要由汉语方言、地方文教传统、地方非物质文化遗产等加以体现。方言是文化的主要载体之一，直到现在，雄安地区的汉语方言仍然保留着五代—辽—北宋对峙时期所形成的语言格局，辽代汉语的语音底层尚留存于方言之中；地方文教传统是一个地方社会整体上对教育的重视程度，它能够使相应地域持续地维持住其文化个性；地方非物质文化遗产是人民创造的特殊的文化成果，是地方文化最鲜明的代表。雄安地域的非物质文化遗产丰富多彩，反映出雄安人民所具有的非凡的智慧和无尽的创造力，这是历史文脉得以延续的坚实基础。

其五，雄安地区在中国近现代文化中也具有十分重要的地位。白洋淀是“荷花淀派”文学流派的核心母题之一，是抗战文化中一个有着深厚精神积淀的标志性意象。以冀中白洋淀抗战历史及其文化为代表的抗战精神，延续着历代雄安人民不屈不挠的品格特质，构成了雄安地区新的文化传承目标，也是雄安新区在当代的建设发展中不可或缺的文化底蕴。

……

历史在这里延续。

文化在这里传承。

辉煌在这里续写。

白洋淀雪景